MANUEL
PORTATIF
DES
DOUANES FRANÇAISES.

OUVRAGE

A LA PORTÉE ET A L'USAGE DES PRÉPOSÉS DE BRIGADES
DANS LA DIRECTION DE THIONVILLE,

DIVISÉ EN CINQ PARTIES.

> Pour les premiers essais,
> un modèle est toujours utile.
> D....

PAR A. CARETTE,
LIEUTENANT DES DOUANES.

A METZ,
Chez VERRONNAIS, Imprimeur-Libraire, rue des Jardins, n.° 14.

1832.

MANUEL PORTATIF

DES

DOUANES FRANÇAISES.

MANUEL
PORTATIF
DES
DOUANES FRANÇAISES.

OUVRAGE

A LA PORTÉE ET A L'USAGE DES PRÉPOSÉS DE BRIGADES DANS LA DIRECTION DE THIONVILLE,

DIVISÉ EN CINQ PARTIES.

Pour les premiers essais,
un modèle est toujours utile.
D....

PAR A. CARETTE,
LIEUTENANT DES DOUANES.

A METZ,
Chez VERRONNAIS, Imprimeur-Libraire, rue des Jardins, n.° 14.

ANNÉE 1832.

AVERTISSEMENT.

J'AI l'honneur d'offrir, dans un cadre resserré, un précis des devoirs à remplir par les employés du service actif, de simple préposé au grade de lieutenant inclusivement, divisé en cinq parties distinctes, et dont la dernière partie présente un répertoire succinct des infractions que les préposés sont appelés à constater, et la forme d'y procéder dans l'étendue des frontières de terre.

Les ouvrages sur les douanes, qui ont paru jusqu'ici, n'étant pas à la portée de tous les employés de brigades, j'ai pensé que celui-ci pourrait leur être plus propre, en leur retraçant sommairement les connaissances qu'ils ont déjà, et facilitant aux débutans par les notions qu'il contient, les moyens d'en acquérir de bonne heure, sans avoir besoin de recourir à des conseils qui ne rempliraient peut-être pas le même but.

Le Lieutenant,

CARETTE.

PREMIÈRE PARTIE.

DU PERSONNEL DES BRIGADES.

DEVOIRS RÉCIPROQUES.

Il faut, entre tous les employés de brigades, de l'accord, de l'union et un commerce libre et agréable.

Le préposé doit s'abstenir de tenir des propos indiscrets contre ses chefs, et ne leur faire aucun rapport contre ses camarades; car il perdrait la confiance des uns comme des autres, et se ferait regarder comme délateur. Il doit aux chefs, dont il dépend, une entière soumission et tous les égards. S'il est marié, il doit empêcher les bavardages de sa femme, et ne pas souffrir qu'elle s'initie dans les affaires de service.

Les chefs, de leur côté, doivent étudier le caractère des préposés, les former par des conseils propres à établir la subordination, et ne jamais avoir recours, pour les juger, aux rapports de quelques flatteurs qui n'existent d'ailleurs qu'autant qu'on les souffre. Ceux qui se servent de pareils hommes ont presque toujours lieu de se repentir de leur avoir accordé trop légèrement leur confiance, et, de cette manière, on gâte des préposés auxquels on promet des avantages pour qu'ils servent à la fois de valets et d'espions.

Le sous-lieutenant qui aurait à se plaindre d'un de ses chefs ne devrait jamais en témoigner du mécontentement devant les préposés, et ne les engager à aucun genre d'insubordination; car les mécontens, se croyant ainsi soutenus d'un chef, formeraient une cabale contre l'autre qui se verrait en bute à la récrimination d'hommes, devenant par là les seuls coupables.

Il est des obligations d'un lieutenant de veiller avec soin au maintien de l'ordre et de la bonne harmonie dans sa brigade, et de se montrer, en toute occasion, juste et sévère. Il doit également, pour l'honneur de l'administration, veiller sur la conduite des femmes dont les irrégularités réjailliraient sur les employés, et mettre empêchement aux propos qui pourraient nuire au service ou amener la discorde.

Quand un chef se trouve dans la nécessité de faire des reproches à ses subordonnés, il doit les faire avec égards et ménagemens : car ce serait s'écarter des principes de délicatesse que de réprimander avec impétuosité et brutalité, surtout en public, les employés qui reconnaîtraient leurs torts et auxquels les remontrances tiendraient lieu de punition. (1) On doit, du reste, savoir distinguer ceux-là de ceux qui se montreraient obstinés ou qui seraient insensibles aux reproches; mais quand les moyens de douceur cessent de faire impression, le lieutenant n'a plus à hésiter à fournir ses plaintes à son chef immédiat, mais toujours d'une manière exacte, contre les employés incorrigibles.

Enfin, le lieutenant et le sous-lieutenant, placés à la tête des préposés de chaque brigade, doivent leur montrer l'exemple de la subordination et de la conduite, en se considérant comme deux membres détachés, agissant de commun accord, pour en surveiller les actions.

(1) Nous trouvons dans le service trois espèces d'hommes avec lesquels nous avons trois rapports principaux : Les uns sont élevés aux emplois supérieurs, et nous leur devons la soumission; les autres, rangés à nos côtés, sont nos égaux, et nous leur devons une humeur douce et facile; d'autres sont nos inférieurs, et nous leur devons la protection et le secours ou du moins ces ménagemens humains, qui font évanouir les distances, et sans nous compromettre, rapprochent de nous ceux dont nous paraissons les plus éloignés, leur font connaître à tous que nous ne les méprisons pas, à quelques-uns même, que nous les estimons par leurs qualités personnelles.

DEVOIRS A REMPLIR

ENVERS LES MAGISTRATS ET LE PUBLIC.

Les employés doivent chercher à s'attirer la bienveillance des autorités locales et mériter leur estime et leur appui; qu'ils se persuadent bien aussi que la docilité et le respect du public dépendront beaucoup du crédit qu'on leur supposera auprès des magistrats. Ils doivent eux-mêmes respecter l'ordre et la tranquillité publics, s'abstenir de fréquenter les sociétés orageuses, ne se mêler à aucun parti, ne prendre part à aucune querelle. Ils doivent, à la moindre apparence de tumulte, se retirer et ne pas attendre que leur nom puisse être cité parmi les turbulens ou dénoncé à la police. Ils doivent, enfin, adoucir, dans leur service envers le public, ce que la loi pourrait avoir de trop rigoureux.

Si, par hasard, un individu passait de la résistance aux propos injurieux, soit contre l'administration, soit contre les préposés, que ceux-ci n'aillent pas, par un zèle mal entendu, irriter cet individu égaré. Loin de repousser l'injure par l'injure et par les menaces, ils doivent, après avoir assuré leur service, se retirer et dresser leur plainte, laissant à la loi le soin de punir. (*Voir, à cet égard, le dernier paragraphe de la circulaire n.° 669, année 1820.*)

Il est des cas où il faut vaincre la résistance et repousser la force par la force; mais c'est toujours dans l'hypothèse d'une légitime défense, et si l'on recommande aux préposés de traiter le public avec beaucoup d'égards, il faut qu'ils sachent aussi que ces égards ne doivent pas dégénérer en faiblesse ou familiarité. Ils doivent, enfin, éviter d'encourir la haine des individus soumis à leurs vérifications et d'en captiver l'amitié; car, sans cette double précaution, le service serait souvent pénible et mal fait.

CONDUITE PRIVÉE.

La vie privée d'un employé doit être telle que ses appointemens puissent toujours suffire à tous ses besoins. Il doit pour cela n'avoir aucune fréquentation illicite; et, s'il est marié, faire régner l'ordre dans son ménage: car, si l'on voit un grand nombre de préposés endettés, on ne doit l'attribuer, pour la plupart, qu'à la bonne chère, à la fréquentation des cabarets, ou au défaut d'économie.

Si la famille d'un préposé est trop nombreuse,

et que ses appointemens ne permettent pas de pourvoir suffisamment à son existence, l'administration, toujours juste et humaine, pourrait lui accorder des secours alimentaires sur la masse morte (*circulaire du 9 décembre* 1816), ou des remboursemens sur son actif de masse. Ces secours ne seraient toutefois accordés qu'autant qu'il serait reconnu que ce préposé se trouve dans un grand état de gêne sans avoir prodigué ses appointemens.

Il est des devoirs du lieutenant de s'assurer du système économique des préposés de sa brigade dans leur vie privée; de les guider dans le bon ordre par son exemple; et si quelques-uns ne faisaient aucun effort pour faire honneur à leurs affaires, d'en référer à son chef immédiat.

Les préposés ivrognes ne sont pas conservés dans les brigades. Un préposé qui se livre à la boisson ne peut jamais faire son service convenablement, et cette boisson, souvent mauvaise chez quelques hommes, excite presque toujours des rixes scandaleuses. Cette passion, qui abrutit l'homme et le jette dans la dépravation, tôt ou tard le conduit à la révocation. (*Circulaire du 6 décembre* 1804.)

Les préposés ne doivent donc pas fréquenter les cabarets, et surtout avec les habitans, à moins de grande nécessité. Les chefs doivent s'abstenir d'y boire avec eux et n'y souffrir aucun des jeux de hasard qui entraînent généralement à des querelles trop honteuses pour des employés. Ils ne doivent également pas souffrir chez eux les rassemblemens de préposés pour y jouer de l'argent ou de la boisson ; car ce serait exciter la passion du jeu et constituer ces préposés en dépenses. Ils ont encore un devoir essentiel à remplir, dont l'objet intéresse en même temps l'ordre public et l'honneur de l'administration, c'est d'avoir soin que les préposés ne soient pas en débauche pour aller en service ; dans ce cas, il conviendrait de les faire remplacer ; car il arrive que des préposés, ivres en service, s'écartent des règles qui leur sont prescrites.

Les pensions des préposés, garçons, ne doivent, que le moins possible, être choisies dans les auberges ; c'est à quoi les chefs doivent veiller, tant pour leur tranquillité que pour l'intérêt du service.

Le chef qui aurait à réprimander un préposé, malheureusement pris de boisson, devrait toujours attendre qu'il eût recouvré son bon sens plutôt que de le faire incontinent ; par là, on lui épargnerait la punition qu'il s'attirerait infailliblement par ses insultes, et le rapport qu'en ferait alors le chef offensé serait souvent trop préjudiciable à un employé qui n'aurait manqué que dans un seul moment. Lorsqu'un chef se trouve dans la nécessité d'aller dans un lieu public pour en retirer des préposés égarés, il doit agir avec ménagement et sang-froid.

DEUXIÈME PARTIE.

DE LA POLICE

ET

DE LA TENUE DANS LES BRIGADES.

DÉLITS DIVERS OU TEMPS MAL EMPLOYÉ.

Les employés ne doivent commettre aucun délit sous peine de révocation et sans préjudice des peines judiciaires. Ils ne peuvent, sans une autorisation spéciale, chercher du bois dans les forêts; ils sont, au contraire, obligés de concourir avec les gardes forestiers ou autres fonctionnaires, pour constater toutes espèces de contraventions ou délits, tel que celui de la chasse, à laquelle ils ne peuvent se livrer sans nuire à leur service, qui réclame du repos, et sans s'attirer en même temps la haine des propriétaires, ainsi que la poursuite des gardes. Il est d'ailleurs généralement reconnu que les plaisirs de la chasse causent souvent la disgrâce des employés qui s'y livrent. (*Voir la circulaire administrative du 5 avril* 1808.)

Les chefs doivent tenir la main à ce que leurs subordonnés ne se livrent pas à des fonctions qui ne pourraient se concilier avec leur travail ordinaire, et que leurs momens de repos ne soient pas employés à des travaux pénibles, tels qu'à exploiter du bois, à cultiver les terres ou à moissonner pour les habitans. Il convient de leur faire prendre du repos de jour, afin qu'ils soient plus dispos pour le service de nuit qui est assez fatigant pour qu'ils aient besoin de délassement.

Les employés doivent empêcher les torts qui se commettraient à leurs yeux, et, si le cas l'exigeait, arrêter les délinquans et les conduire devant le maire ou l'adjoint de leur résidence, qui statuerait sur leur arrestation. Ils auraient ensuite à en informer le chef du poste. Tout préposé qui, lui-même, se porterait à marauder dans les propriétés, se rendrait très-coupable, et ces faits étant connus, seraient regardés par les tribunaux comme vols, d'après l'art. 379 du code pénal, et surtout s'il profitait de la latitude que lui offre le service nocturne pour faire de telles dévastations.

Ils ne doivent aller à l'étranger que le moins possible en cas indispensable, et n'en rapporter aucun approvisionnement.

ALARME DANS LES BRIGADES.

Les employés, en cas d'alarme ou lorsque des troubles éclatent dans leur résidence, en raison d'incendie ou autres accidens, doivent se rendre sur-le-champ au bureau de la commune s'il y en avait un; dans le cas contraire, chez le chef du poste, pour y recevoir les ordres que les circonstances exigeraient. (*Circulaire de la régie, aux directeurs, du 7 septembre 1792.*)

On verrait toujours avec satisfaction que des employés se fussent distingués par leur prudence et leur courage à ramener l'ordre quand des troubles auraient éclatés, et ils seraient également louables si, dans le cas déjà prévu, ils se fussent empressés d'y porter leurs secours et leur assistance.

TENUE DES EMPLOYÉS.

Les préposés, dans leur tenue journalière, doivent être tous d'une mise à peu près égale. Ils devront se vêtir des effets de fourniture, tels que du pantalon de drap gris, ou en été, du pantalon de coutil gris. Enfin, d'un col noir, sans laisser voir un col de chemise sale, d'un sarreau ou de la veste grise, et de la casquette verte; le tout bien approprié, les bottes bien graissées ou les souliers avec des guêtres. C'est au sous-lieutenant à s'assurer s'ils se présentent dans la tenue décrite ci-dessus, pour aller à l'ordre chez le lieutenant, où ils pourraient rencontrer des chefs supérieurs. Cette manière de tenir une brigade est utile, car il existe des préposés qui, par leur malpropreté, déshonorent leur place et ressemblent à des journaliers. On exceptera, bien entendu, de cette règle, les employés revenant de service.

Tous les jours fériés, les employés de repos doivent se mettre en uniforme, et lorsqu'ils iront à la messe, n'y assister qu'avec le sabre et le schakos; ils peuvent aussi s'habiller en bourgeois; ce qui dépendra des localités ou des circonstances.

Les lieutenans doivent exercer les préposés au maniement des armes; les nouveaux admis, au moins quatre fois par mois, lorsqu'ils n'auront pas été militaires.

INSTRUCTION

SUR LA TENUE POUR LES REVUES.

Lorsqu'on est sous les armes, il faut avoir le schakos découvert, d'aplomb sur la tête, la visière directe, les jugulaires hautes et attachées derrière la cocarde, les cheveux courts et coupés proprement, la barbe faite, le col noir d'uniforme, l'habit bien boutonné, sans laisser voir aucun gilet, non plus que les cordons ou chaînes de montre, l'épinglette attachée du côté droit, à la troisième boutonnière de l'habit et passant par-dessus les buffleteries, le pantalon montant et bien boutonné, ainsi que les guêtres, et si c'est en pantalon blanc et guêtres blanches, ces objets de la plus grande propreté; le dernier bouton de l'habit doit couvrir celui du pont du pantalon. Tout ce qui est en cuir, tels que giberne, fourreaux de baïonnette et de sabre, visière, dessus et pourtour du schakos, de même que les souliers bien cirés et bien noirs, les boutons, la plaque et les jugulaires nettoyés et brillans, la monture, la banderole, la lame du sabre, le canon et toutes les pièces du fusil éclaircies, polies et en bon état; la pierre à feu enveloppée d'une plaque de plomb à l'extérieur de côté, ne dépassant pas le couvert de la batterie, ce qui empêche de se couper les doigts; le baudrier de sabre et la banderole de la giberne passés sous les contre-épaulettes, dont les habits doivent être garnis; la giberne à la même hauteur et en parallèle avec la poignée du sabre, de manière à se toucher derrière le dos. A cet effet, il existe, pour le contenir, un bouton en cuir blanc, fixé sur le devant du baudrier qui doit être à la hauteur de trois pouces de la naissance du fourreau du sabre, pour y attacher la martingale de la giberne, qui passera par-dessus ledit baudrier, partageant la monture du sabre en deux. Le blanc, appliqué sur tout ce qui est en buffle, doit être de la même nuance et d'une grande blancheur. A cet effet, chaque lieutenant devra faire préparer le même blanc pour toute sa brigade; en voici une recette :

Blanc de Buffleterie.

Passez dans un linge une livre de son que vous aurez fait bouillir dans de l'eau pendant un demi-quart d'heure, et jetez dans cette eau une once de savon, du blanc d'Espagne et de la terre de pipe bien pulvérisés; ces deux derniers objets en proportion de la quantité d'eau, de sorte que le blanc ne soit pas trop épais.

TENUE

DES CASERNES ET DES CORPS-DE-GARDE.

L'ORDRE et la propreté doivent régner dans les casernes ou dans les corps-de-garde, et sous la surveillance spéciale des sous-lieutenans de brigades qui, dans les casernes, sont aussi, à proprement dire, les *caporaux d'ordinaire;* les lieutenans ayant à s'occuper essentiellement du service. (*Voir la circulaire n.° 1076 sur l'ordonnance des préposés, et pour le reste, les ordres consignés dans chaque caserne ou corps-de-garde.*)

TENUE DES REGISTRES. (*Circulaires.*)

Les registres, en général, exigent, de la part des lieutenans, une tenue soignée et de l'ordre dans les divers enregistremens. Le registre spécial établi dans les brigades, en vertu de la circulaire administrative du 31 mars 1829, n.° 1153, ne doit contenir que des détails sommaires sur les événemens de service, et renvoyer au folio du registre de travail qui doit les présenter avec plus de développemens. (*Circulaire manuscrite du 22 juin 1825.*) Ce même registre spécial, servant aussi à transcrire les observations des chefs ou les ordres de service, et à y tenir note des punitions infligées aux préposés, dispense d'en faire mention au registre de travail. Le registre d'ordre doit comprendre : 1.° Les circulaires manuscrites; 2.° les circulaires imprimées ayant pour titre : *Moyen de fraude*, (circulaire administrative, n.° 674, année 1820.) 3.° Copie des rapports qui constatent les événemens fâcheux survenus aux employés dans l'exercice de leurs fonctions, (*voir, pour le mode de rédaction, la circulaire du directeur du* 11 *novembre* 1823.) 4.° Copies des inventaires des meubles, ustensiles, registres et circulaires (qui sont la propriété des places et non des titulaires qui doivent les remettre à leurs successeurs à chaque mutation); 5.° mention des objets de minuties saisis par la brigade. (*Voir à cet égard la circulaire n.*° 439, *année* 1818.)

Le registre établi par la circulaire n.° 1049, année 1827, qui présente les différens paiemens et les retenues faites aux préposés, concerne les contrôleurs de brigades qui en suivent la tenue.

Le registre de travail est celui qui doit le plus attirer l'attention des lieutenans. Ils doivent y décrire fidèlement tout ce qui a rapport au service, en évitant les abréviations et les ratures ou surcharges dans les noms des préposés et dans ceux qui désignent les positions qui toujours doivent être décrites avec précision, afin d'obvier aux conséquences qui pourraient en résulter; et le lieutenant qui aurait à changer un des noms précités, devrait, au lieu de le gratter ou de le surcharger, en faire note à la suite par renvoi paraphé, ou par ces mots : *Je dis, etc.*

L'inscription d'un service qui n'aurait pu avoir lieu ne devrait pas pour cela être biffée, et la cause de la non-exécution de ce service devrait être mentionnée dans le corps du résultat; mais s'il venait à être changé avant d'être exécuté, le changement serait relaté avec les modifications à la suite avant le résultat. (*Voir la circulaire du directeur du 30 octobre* 1818.)

On devra avoir soin que les services soient signés chaque jour par les préposés qui y auront coopéré. (*Circulaire n.° 247, année* 1817. *Voir le modèle d'inscription n.° 1, page 43.*)

Les lieutenans qui doivent instruire leurs subordonnés de tout ce qui concerne le service, porteront exactement à la connaissance les lois, réglemens ou circulaires qui leur sont transmis, en leur faisant bien comprendre les dispositions de ce qui les concerne spécialement; tels que les moyens de fraude qu'il est nécessaire de leur signaler pour leur donner de l'intelligence et de la dextérité dans les visites. (*Voir la circulaire n.° 776, année* 1822, *à l'égard de plusieurs moyens de fraude.*)

On doit aussi donner lecture, une fois par mois, de la circulaire n.° 788, année 1823, relative aux employés qui donnent leur démission par légèreté, et mention de la lecture peut être faite, comme de toutes autres circulaires, au registre de travail.

On a seulement rapporté dans cette section

quelques règles essentielles à observer par les lieutenans ; le reste est de la routine des brigades.

SERVICE SANITAIRE.

Les chefs de postes doivent visiter les préposés malades, s'assurer s'ils le sont réellement, et aussitôt qu'un préposé donne des symptômes de maladie, en avertir le médecin ; ceci est autant essentiel pour obtenir le prompt rétablissement du malade, que pour se mettre à même de connaître le genre ou la cause de la maladie, et d'en rendre un compte plus exact.

TROISIÈME PARTIE.

DU SERVICE

DES

FRONTIÈRES DE TERRE.

MARCHE DU SERVICE ACTIF.

Le service comprend l'émission des ordres puisés dans les lois et dans les réglemens, et ces ordres parviennent hiérarchiquement aux préposés de brigades qui sont chargés de l'exécution, en se conformant exactement aux moyens locaux que leur donnent les chefs qui les commandent personnellement, et par lesquels les comptes sont d'abord rendus.

Les lieutenans et les sous-lieutenans, chargés de commander, de surveiller personnellement le service et d'y coopérer, deviennent responsables de son exécution. Ils ne sauraient donc trop y apporter d'attention. Le lieutenant doit surtout éviter d'y laisser de la lacune et d'y mettre trop d'uniformité.

Le sous-lieutenant, qui est en tout subordonné au lieutenant, lui rend compte des résultats du service qu'il a fait avec les préposés de sa division, et le lieutenant, de son côté, rend compte au lieutenant d'ordre de ses résultats et des événemens de toute nature qui ont eu lieu dans les deux divisions, et dont il fait inscription au registre de travail. Ces deux chefs de la même brigade doivent quelquefois s'entendre pour la distribution du service, et toujours montrer l'exemple du zèle et de l'activité.

Le lieutenant est maître de disposer de ses préposés pour l'exécution du service, et ceux qu'il aura désignés pour un service quelconque devront toujours obéir, et s'ils avaient des réclamations à faire, attendre le retour au poste pour les faire avec politesse et ménagement; alors, si elles sont reconnues justes, le lieutenant doit compenser la durée du service par du repos.

On doit, pour répondre à ce genre de réclamation, distribuer, autant que possible, le service par tour de rôle, en faisant participer aux différens services tous les préposés reconnus capables. Il serait même utile que chaque lieutenant formât, à la fin de chaque mois, un tableau récapitulatif des différens services faits par sa brigade, et dont le lieutenant d'ordre en tournée vérifierait l'exactitude, en établissant, pour règle générale, que les préposés ne doivent avoir plus de vingt-quatre heures de service par mois les uns que les autres. Cette marche est déjà établie dans une partie de la direction de Thionville. (*Voir le modèle n.° 2, page 48.*)

Les chefs de brigades doivent, aussitôt l'installation d'un nouvel admis, lui faire connaître les devoirs qui lui sont imposés, et l'instruire assez pour qu'il puisse opérer avec connaissance de cause. On obviera par-là aux inconvéniens qui pourraient résulter de l'incapacité du préposé qui n'aurait pris que les avis de quelque préposé insouciant. Enfin, le lieutenant surtout ne saurait trop s'occuper, tout en étudiant le caractère des préposés débutans, à les former par des conseils salutaires; car on ne voit que trop souvent se commettre des fautes dans l'exécution du service, et presque toutes par l'ignorance des débutans. Je citerai pour exemple un préposé qui, à seize mois de service dans le même poste, ne savait pas faire un rebat convenablement et n'en connaissait pas l'importance.

Le préposé est simple agent d'exécution; il est dès lors irréprochable quand il a fait ponctuellement et fidèlement le travail qui lui a été prescrit par ses chefs, auxquels il doit l'obéissance. Il ne doit pas user de récrimination à l'égard de ceux qui lui reprocheraient ses fautes, et doit en tout se borner à faire ce qui lui est ordonné; les actions de ceux-ci ne devant être surveillées que par leurs supérieurs.

Les débutans surtout doivent toujours suivre les conseils de leurs chefs, pour apprendre à connaître leurs obligations, plutôt que ceux de leurs camarades, dont quelques-uns pourraient les écarter des bons principes et les engager dans le vice de la corruption.

Le service réclamant une grande discrétion en toutes circonstances, on doit s'abstenir d'en parler en public ou d'entretenir particulièrement les habitans de celui qu'on aura exécuté.

ATTRIBUTIONS DES PRÉPOSÉS

DANS L'EXERCICE DE LEURS FONCTIONS.

Les préposés peuvent saisir, dans le rayon (quatre lieues et demie frontière), toute marchandise circulant sans expéditions en règles, et de nuit, entre le coucher et le lever du soleil, même avec passavant, s'il n'en portait le permis exprès. (*Loi du 22 thermidor an X, art. 7 et 8.*)

Ils peuvent saisir hors du rayon lorsqu'ils ont vu pénétrer ou qu'ils ont poursuivi la fraude sans interruption. (*Loi du 22 août 1791, art. 35, titre 13.*) Ils ne peuvent, par aucun motif, dépasser la ligne frontière, et en cas de violation de territoire étranger, ils encourraient leur disgrâce. (*Circulaire administrative du 23 novembre 1814.*)

Ils peuvent visiter les maisons situées dans le rayon (*même loi, art. 36*), et en vertu de l'art. 60, titre 6 de la loi du 28 avril 1816, celles situées dans l'intérieur.

Ils peuvent, en cas de soupçon de fraude, se transporter, lors de l'enlèvement des marchandises déclarées pour la circulation, dans les maisons où elles sont déposées. (*Loi du 19 vendémiaire an VI, art. 2.*)

Ils peuvent visiter les courriers de malles. (*Loi du 4 germinal an II, art. 7, titre 3.*)

Ils peuvent faire toutes perquisitions et saisies sur les messageries, piétons chargés de porter des dépêches. (1) (*Arrêté du 27 prairial an IX, art. 3.*) Voir un résumé des réglemens sur la police des messageries et voitures publiques. (*Circulaire du directeur du 12 mars 1823.*)

Ils peuvent également se faire représenter les

(1) Dans aucun cas, les préposés ne peuvent arrêter les voitures publiques sur les grandes routes ailleurs qu'aux entrées et sorties des villes ou relais.

lettres de voiture, connaissemens, etc., et les saisir s'ils ne sont pas écrits sur papier timbré. (*Décret du 16 messidor an XIII, art. 1.*er)

Ils peuvent faire tous exploits et signifier les jugemens en matière de douanes, en satisfaisant aux formalités prescrites par l'art. 793 du code de procédure civile. (*Loi du 22 août 1791, art. 18, titre 13.*) (Voir l'arrêt de cassation transmis par la circulaire n.° 1237, année 1830.) (*Attributions des receveurs.*)

Ils peuvent requérir l'assistance des autorités civiles et militaires, et de faire prêter main-forte. (*Loi du 22 août 1791, art. 14, titre 13.*) La circulaire du directeur du 14 février 1815 a déterminé le mode de l'assistance des troupes de ligne pour la répression de la contrebande.

Ils peuvent exiger la représentation des passeports des personnes qui voyagent de l'étranger en France, ou de France à l'étranger, et remettre à l'autorité locale celles qui n'en seraient pas pourvues ou qui en auraient d'irréguliers. (*Circulaire administrative manuscrite du 12 février 1824.*)

Ils peuvent arrêter les déserteurs ou réfractaires. Une gratification de vingt-cinq francs est accordée pour chaque arrestation faite après quarante-huit heures de grâce, si les déserteurs ne faisaient pas route vers l'étranger. (*Décret du 12 janvier 1811, et circulaire du directeur du 4 décembre 1821.*)

Ils doivent apporter beaucoup de ménagemens dans leur arrestation. (*Circulaire administrative du 27 février* 1812.)

Ils peuvent aussi arrêter tous les individus frappés de mandats d'arrêt, ou qui leur seraient signalés par l'autorité supérieure.

Ils peuvent tuer les chiens-fraudeurs avec de la contrebande et arrêter les conducteurs, même ceux qui conduiraient des chiens à l'étranger sans passeports, et les conduire, ainsi que les chiens, à l'autorité locale. (*Voir la circulaire du Directeur, du 20 juin 1827, et celle du 4 juin 1828 qui transmet un arrêté du préfet de la Moselle.*)

Leur surveillance sur la circulation des chevaux et bestiaux ne s'étend qu'à deux kilomètres et demi (demi-lieue) de l'extrême frontière, ou jusqu'aux bureaux et brigades de première ligne; sauf le cas de poursuite, sans perte de vue, depuis la zône spéciale. (*Ordonnance du* 28 *juillet* 1822.) (Voir la circulaire transmissive et explicative n.° 740, année 1822.)

Ils peuvent saisir les drilles ou chiffons que l'on tenterait d'exporter ou qui circuleraient dans la distance de quinze kilomètres (trois lieues) des frontières, à moins qu'il ne soit justifié par acquit à caution de leur destination intérieure; et au-delà des trois lieues, par un passavant. (*Décret du 3 avril* 1793, *art.* 1 *et* 2.) Les chiffonniers peuvent cependant en colporter une quantité au-dessous de cinquante livres sans expédition; ils seront seulement surveillés. (*Circulaire administrative, du* 20 *octobre* 1806.)

Ils peuvent exercer leur surveillance sur les sels du cru français, comme pour toutes autres marchandises à la circulation dans le rayon. (*Circulaire administrative, du* 9 *juillet* 1807.) En vertu de l'art. 8 du décret du 11 juin 1806, ils peuvent rechercher les dépôts de sels formés dans le rayon; mais ces dépôts ne peuvent être saisis qu'autant qu'il s'y trouverait une quantité de cinquante kilogrammes, au moins. Les recherches sont, dans tous les cas, interdites dans les communes de 2,000 âmes et au-dessus. (*Loi du* 17 *décembre* 1814, *art.* 32.)

Ils peuvent aussi saisir les grains ou farines de toutes espèces dans la distance d'une lieue en-deçà des frontières de terre. (*Art.* 2 *de la loi du* 26 *ventôse an V.*) Les subsistances rencontrées de nuit dans les cinq kilomètres, même avec passavant, et sur un chemin oblique, ou autre que celui déterminé par l'expédition, peuvent encore être arrêtées et saisies, et lorsque l'exportation en est permise, la circulation reste soumise au mode de celles des autres marchandises; sont exceptés de la formalité du passavant les grains portés de jour au moulin et les farines en revenant, dont le poids n'excède pas six myriagrammes (cent vingt-trois livres et demie.) (*Loi du* 26 *ventôse an V, art.* 3.)

Les préposés sont tenus de concourir, avec ceux des contributions indirectes, à la répression de la fraude; 1.° aux termes de l'art. 17 de la loi du 28 avril 1816, (*section des contributions indirectes*), sur les droits de circulation de boissons par la saisie de celles qui seraient dépourvues d'expéditions. Ils sont encore tenus d'accompagner les boissons, expédiées sous acquits à caution des contributions indirectes, pour l'exportation. (*Voir, à cet égard, les instructions des circulaires n.os* 206, 808 *et* 881, *années* 1816 *et* 1823.) 2.° En vertu de l'art. 223, même loi, sur la circulation illégale des tabacs. (1) Ainsi, les tabacs fabriqués, portant la marque de la manufacture d'où ils proviennent, ne peuvent circuler sans acquit à caution toutes les fois qu'ils excèdent la quantité de dix kilogrammes. (*Loi du* 28 *avril* 1816, *titre* 5, *art.* 215.)

Les préposés des douanes peuvent encore apporter leur surveillance sur la circulation et l'importation des cartes à jouer, des poudres ou salpêtres. (*Voir la circulaire n.°* 576 *à l'égard des poudres.*)

Ils peuvent également saisir les ouvrages d'or et d'argent qui seraient en contravention pour fraude du droit de garantie, ou ceux que l'on tenterait

(1) *Remarque :* Pour distinguer les cigares français de ceux de l'étranger, il faut faire attention que ceux-ci sont courbes et plus gros dans le milieu qu'au bout.

d'exporter sans qu'il soit justifié de leur sortie; dans le premier cas, ils devront recourir à l'assistance des agens du contrôle qui peuvent seuls verbaliser. (*Voir la circulaire n.° 1095, année 1828.*) Sont exempts du droit, les bijoux d'or à l'usage des voyageurs, et les ouvrages d'argent servant également à leur personne, pourvu que le poids, en totalité, n'excède pas cinq hectogrammes. (*Loi du 19 brumaire an VI.*) (Voir l'instruction générale sur leur régime en douanes, circulaire 932, année 1825.)

Les marchandises de la classe de celles qui sont prohibées à l'entrée ou dont l'admission est réservée à certains bureaux par l'art. 20 de la loi du 28 avril 1816, titre 4, sont réputées avoir été introduites en fraude dans les cas de contravention énoncée par l'art. 38 de ladite loi, et sont saisissables à quelque distance qu'elles puissent être arrêtées dans l'intérieur. (*Art. 39, même loi.*) (Voir les instructions sur le titre 4, circulaire n.° 149.)

D'après la loi du 22 thermidor an X, sont exempts du passavant les consommateurs qui, pour leur usage, auront acheté, dans les quatre lieues frontières, et transporteront à leur domicile, les jours de foires ou marchés, des objets de consommation, tel que ce qui n'excédera pas cinq mètres d'étoffes de laine, huit mètres étoffes de soie et toile de coton, et trois kilogrammes café ou sucre. (*Art. 5.*) De même que les objets ci-après, qui ne feront pas route vers la frontière, ou lorsqu'ils seront transportés aux jours de foires ou marchés dans les villes sur la frontière : *bestiaux, boissons, viande, volaille, gibier, fruits, laitage et jardinage.* (*Art.* 9.)

SERVICE DE JOUR. (*Observation.*)

Les employés en service d'observation doivent être munis, comme pour celui de nuit, d'une carabine avec sa baïonnette, (*circulaire du 26 avril* 1825), et de plusieurs cartouches. Ils ne doivent faire usage de leur arme envers qui que ce soit, sauf un cas de rebellion ou d'extrême nécessité, et l'on ne saurait encore y mettre trop de prudence. Lorsqu'on est en service, il faut toujours avoir son fusil près de soi, et en circulant, avoir soin de le tenir au bras, perpendiculairement, le bout du canon en l'air; cette dernière précaution est de toute nécessité pour prévenir les accidens dont on a vu des exemples funestes. (*Voir, à cet égard, la circulaire du Directeur, du* 16 *février* 1825.) Les armes de service doivent être fréquemment visitées par les chefs de brigades qui doivent veiller à ce qu'elles ne soient point chargées à plomb, dragées, et défendre l'usage des fusils de chasse, en se conformant eux-mêmes à cette règle. (*Voir la circulaire du Directeur, du 25 février* 1825.)

Chaque employé, et particulièrement dans l'exercice de ses fonctions, doit être en uniforme, (*circulaire du* 5 *novembre* 1804), et porteur de sa commission dont il doit faire exhibition à la première requête. (*Loi du* 22 *août* 1791, *art.* 16, *titre* 13.) (Cette obligation a été rappelée par la circulaire de M. le Directeur, du 13 juin 1817.)

Il est aussi nécessaire de joindre à la commission des modèles d'actes d'affirmation de procès-verbaux et de réquisitoire à faire aux autorités locales en cas d'opposition aux perquisitions. (*Voir les modèles à la fin de la cinquième partie.*) Les chefs des brigades ambulantes devraient être munis de trois ou quatre feuilles de papier timbré pour verbaliser en cas de saisie à domicile.

Les préposés en service ne doivent rien laisser échapper à leur surveillance, en se conformant exactement aux ordres qui leur sont donnés pour veiller à la conservation des droits de douanes, ainsi qu'à l'exécution des lois relatives aux prohibitions. Ils rendront compte fidèlement de tous les mouvemens qui auraient attiré leur attention dans leur observation, et des résultats de leurs démarches.

Les chefs s'assureront si les préposés sous leurs ordres s'acquittent de leurs devoirs avec décence, fermeté et exactitude. Toutes les vérifications ou recherches doivent être faites avec beaucoup de ménagement sur les voyageurs, surtout sur les personnes du sexe, pour la visite desquelles, par une décision du 19 décembre 1801, il a été préposé des femmes connues sous le nom de visiteuses, placées dans les lieux de passages. (*Voir la circulaire du Directeur, du 26 août 1823.*)

Les préposés doivent se faire représenter les expéditions qui accompagnent les marchandises, et ceux qui ne savent pas lire doivent feindre de savoir, en vérifiant les marchandises avec les passavans à la main; ils devront alors fixer les yeux de temps en temps et sur les marchandises et sur les passavans, comme s'ils en faisaient le rapprochement; puis leur attention sur la physionomie des conducteurs qui pourrait changer, s'ils se trouvaient en défaut en se faisant illusion sur la capacité des préposés. Le préposé qui ferait cette remarque devrait se transporter avec les marchandises au poste ou au bureau le plus voisin, pour y procéder à leur vérification, à l'aide d'un autre employé ou du receveur, sauf les dommages et intérêts envers ce préposé si ce poste ou ce bureau ne se trouvait pas sur la route des marchandises, et s'il n'y avait ni fraude ni contravention. (*Loi du 22 août 1791, art. 16, titre 3, et arrêté du 22 thermidor an X, art. 6.*)

Il faut donc avoir soin de ne faire de telles démarches que sur des apparences fondées; les préposés ne devant d'ailleurs quitter leur service ni en être détournés sans motifs légitimes. (*Circulaire du Directeur, du 17 août 1814.*)

Les lieutenans ne sauraient trop mettre d'importance dans le choix qu'ils ont à faire à leurs subordonnés pour faire garder les passages de convois de marchandises; ils doivent avoir soin, lorsque deux employés sont nécessaires sur un passage, d'en placer toujours un des deux qui sache lire et qui soit adroit; car il peut arriver que des fraudeurs, connaissant l'incapacité de certains préposés, cherchent à pénétrer sur leur service avec des objets de fraude, accompagnés de fausses expéditions.

Lorsque des individus arrêtés par des observateurs avec des marchandises, accompagnées d'expéditions, en refusent la vérification sur le terrain, les préposés doivent les conduire à un bureau sur leur route, et dans les cas où ces marchandises viendraient de l'étranger, pour en acquitter les droits, les accompagner au premier bureau d'entrée pour s'assurer de la perception.

Dans les bureaux, les employés doivent s'assurer, lorsqu'ils y sont requis, de la contenance des caisses, balles, tonneaux, sacs, etc., et ne signer les expéditions qu'après leur vérification. Ils doivent assister à la visite des marchandises qu'ils ont escortées; mais ils n'ont aucun ordre à donner quoiqu'ils aient droit aux saisies qui s'opéreraient.

Les contre-vérifications exigent encore l'attention des préposés; elles sont très-utiles à exercer à l'égard du bétail.

CORRESPONDANCE.

Le service de la correspondance, qui se fait régulièrement deux ou trois fois par semaine, ne doit pas être interrompu ni retardé dans les brigades. Les lieutenans doivent veiller à ce que les préposés désignés pour la porter ne la confient à personne avant d'être au poste suivant, et ils doivent mentionner, dans le registre de travail, l'état du sac, les lettres chargées d'argent et le retard qu'il aurait éprouvé. (*Voir le modèle de l'inscription n.° 1, page 46, art. Résultat.*)

Les lieutenans qui transmettent les correspondances doivent réitérer aux porteurs la lecture des instructions données sur les feuilles, afin qu'ils n'en ignorent.

La correspondance extraordinaire n'a lieu que pour le service de l'administration et dans des cas urgens. Les lettres et paquets doivent être timbrés, *service extraordinaire,* contresignés par le chef qui en fait l'envoi, ou accompagnés d'une feuille de route; dans le cas contraire, les chefs de brigades peuvent attendre le départ de la correspondance ordinaire pour y joindre ces lettres ou paquets. (*Voir le réglement sur ce service, du 1.er juillet 1822.*)

Les préposés, porteurs de la correspondance, doivent être armés de leur carabine, et si elle devait voyager pendant quelques heures de nuit, il conviendrait de la faire escorter d'un deuxième préposé.

REBATS, CONTRE-REBATS

OU RECONNAISSANCES.

Le rebat, qui est une des parties distinctes du service actif, doit être exécuté avec la plus grande exactitude, puisqu'il est le contrôle du service de nuit; presque toujours la découverte d'une piste a des résultats intéressans, soit qu'elle conduise au lieu où la fraude a été déposée, soit qu'elle serve à faire connaître les préposés infidèles ou négligens. Il doit s'exécuter au jour, à partir des points contacts de chaque penthière, par deux préposés marchant l'un vers l'autre.

Un préposé qui reconnaît une trace doit, pour s'assurer si elle a été faite par des fraudeurs, la rétrograder à peu de distance pour en reconnaître le sens et voir si sa direction prend du côté de l'étranger; ensuite, sans perdre de temps, il doit l'annoncer au chef de contre-rebat ou à celui de la résidence la plus rapprochée du lieu de la piste, et après, à son lieutenant ou sous-lieutenant. Le chef qui en aura été prévenu doit, après en avoir fait la reconnaissance, la faire remonter par deux préposés jusqu'à l'extrême frontière ou en première ligne; et lui-même, avec un préposé, doit la poursuivre vers l'intérieur pour la signaler à un des postes de la ligne qui se trouverait sur les derrières.

Comme il arrive que les traces trouvées sur les lignes ne sont pas toujours celles de fraudeurs, quoiqu'elles soient dans le même sens, il est urgent que les préposés cherchent à en obtenir la certitude par des renseignemens propres à le prouver. Et lorsqu'une trace est reconnue pour avoir été pratiquée par des contrebandiers, les chefs surtout doivent chercher à découvrir le nom de la bande et savoir ce qu'elle portait. De tels documens doivent alors être transmis immédiatement à leur lieutenant d'ordre.

Souvent les préposés qui débutent dans les douanes ne peuvent se pénétrer de toute l'utilité des rebats ; c'est une raison pour que les chefs emploient tous les moyens propres à les former dans ce service, en se pénétrant eux-mêmes des dispositions de la circulaire 474 *sur les rebats*.

Le chef qui se fait rendre compte du résultat d'un rebat doit, pour éprouver la vigilance d'un débutant, se faire expliquer, par exemple, s'il a été reconnu quelques pas insignifians, les motifs ou les indices qui les ont fait juger pour tels. Le préposé doit pour cela les avoir suivis et examinés ; car souvent des traces de fraudeurs échappent aux préposés, parce qu'ils ne suivent pas celles qui leur paraissent insignifiantes. Il est toujours assez facile de distinguer les pistes de fraudeurs par la direction qu'elles prennent, soit en franchissant impunément à travers les bois et la campagne, soit enfin par la forte empreinte de leurs différentes chaussures.

Le contre-rebat est un service qui consiste à revenir sur ses pas ou à retourner à l'endroit d'où l'on est parti ; il doit être fait avec soin, d'une extrémité à l'autre de la penthière de chaque brigade, en tous sens, suivant le plus ou le moins d'humidité du terrain. Le chef, à qui est confié ce service, ne doit pas se rapporter au rebatteur qu'il rencontrerait sur une extrémité, et il ne lui suffirait pas que celui-ci dit n'avoir rien reconnu pour rétrograder : car ce qui échappe à l'attention des rebatteurs ne doit nécessairement pas échapper à celle des contre-rebatteurs, et le chef qui aurait ainsi négligé de rebattre une espace de terrain en se reposant sur le rebat d'un préposé ne pourrait jamais dire avec certitude que sa penthière est intacte.

Les rapports de pistes (n.° 1.er), doivent être rédigés par les lieutenans, avec clarté et sommairement. (*Circulaire n.° 474, année* 1819.)

Des rebats, faits au déclin du jour et que l'on nomme *avant-rebats*, sont encore d'une grande utilité; ils servent à faire connaître, le lendemain, au point du jour, les traces qui auraient été faites pendant la nuit, et à distinguer celles qui existeraient antérieurement. Ces avant-rebats doivent fixer tout particulièrement l'attention des chefs de brigades. Pendant les sécheresses, il convient aussi de faire, en même temps que les avant-rebats, des signes sur les sentiers et les chemins les moins pratiqués qui traversent les lignes du service en y jetant de la terre ou de la poussière, et par ce moyen, on remarque aisément le lendemain s'ils ont été fréquentés pendant la nuit. Dans les champs où les grains sont grands, on peut nouer des tiges entre les sillons, ce qui facilite encore l'exécution des rebats.

SERVICE DE NUIT. (*Embuscade.*)

Ce genre de service mérite toute l'attention des employés; c'est souvent celui qui a le plus de résultats. Le chef qui le commande à la chute du jour ne doit rien laisser échapper de l'ordre, et le donner très-intelligiblement à ceux qu'il charge de l'exécution; car, si par mal entendu des préposés se plaçaient sur un autre point que celui désigné par le registre de travail et qui n'aurait pas été indiqué avec précision, il pourrait en résulter de l'inconvénient. Il devient donc nécessaire que les ordres de service soient donnés avec clarté, afin que les préposés en soient pénétrés, et ceux-ci, lorsqu'ils ne les auront pas compris, devront se les faire répéter. Ces ordres ne doivent être donnés qu'aux heures de départ dans des lieux retirés. (*Lieux de rendez-vous.*)

Un lieutenant qui dispose de ses hommes pour le placement du service de nuit ne doit pas les distribuer au hasard sur des points de sa penthière, quelquefois insignifians, et où la fraude ne peut avoir d'accès; ce service exige au contraire un peu de génie de la part du lieutenant qui doit l'établir suivant les localités; c'est-à-dire, sur les points les plus critiques et disposer des hommes d'après leurs facultés. La saison, le temps, le cours de la lune ou l'obscurité des nuits sont des motifs qui doivent encore en déterminer la combinaison et mettre un lieutenant à même de savoir où ses différens services seraient le mieux placés. Enfin, la science du service actif, requise dans les chefs, se réduit à ces deux points : bien connaître leurs subordonnés, et ensuite le terrain qu'ils ont à garder.

Les employés se rendant en service de nuit doivent être bien armés, munis d'un demi-paquet de cartouches et avoir soin de tenir la baïonnette à leur côté et non dans les effets de nuit, afin de l'avoir sous la main pour l'adapter plus promptement au canon du fusil.

Les préposés de chaque subdivision, ordinairement composée de deux hommes, doivent se rendre à l'embuscade, en observant le plus grand silence et prêter l'oreille au moindre bruit qui nécessiterait quelquefois leur présence. Ils doivent se placer avec précaution sur le point qui leur est indiqué, ayant soin de s'y masquer le plus qu'il soit possible et de manière à observer les manœuvres des rebatteurs de bandes, sans en être aperçus. Ils ne doivent pas y fumer, et doivent éviter d'y faire le moindre bruit pour ne pas détourner les fraudeurs qui seraient sur le point de franchir près d'eux.

Aussitôt qu'ils sont embusqués, l'un d'eux doit se charger de la surveillance, et l'autre doit prendre du repos, et ainsi alternativement, et en se transmettant la consigne de veiller, ils doivent bien préciser l'heure, afin que si une bande avait passé sur leur service, et que les chefs eussent connaissance de l'heure à peu près du passage, ceux-ci puissent apprécier lequel des deux doit être puni; car, sans cette précaution, ils pourraient l'être tous les deux. Le préposé qui veille doit toujours être assis.

Le préposé qui aurait dû quitter son service pour cause d'indisposition devrait, dès sa rentrée au poste, se présenter au chef de repos pour qu'il puisse juger de sa position et le faire remplacer sur le terrain qu'il aurait abandonné.

On doit faire usage de chaussons pour l'embuscade, afin d'être plus léger en cas de poursuite, et faire moins de bruit en attaquant les fraudeurs par derrière. Un autre moyen encore pour faciliter l'exécution de ce service pendant les nuits obscures, c'est de placer de petites cordes bien tendues, à un pied de terre, sur la droite et sur la gauche de l'embuscade et à l'aide d'une troisième corde qui réunit les deux bouts que le veilleur tient à la main; on sent par la vibration si quelque chose les franchit. (*Cette méthode est déjà en usage dans quelques postes.*)

Les préposés, en quittant leur position au point

du jour, doivent faire un rebat sur l'étendue du terrain confié à leur surveillance, pendant la nuit, afin qu'en y trouvant une piste, ils puissent la suivre pour atteindre les fraudeurs qui n'auraient franchi les lignes que le matin, ou saisir le dépôt des marchandises. Dans tous les cas, on devrait prévenir les brigades qui se trouveraient sur les derrières, afin qu'elles fissent aussi des recherches.

Les préposés, à la poursuite de la fraude, peuvent l'arrêter sans l'assistance de l'autorité locale dans les maisons où ils arriveraient aussitôt que les fraudeurs. (*Interprétation de la loi du 22 août 1791, art. 35 et 36.*)

CAS DE PRÉVARICATIONS.

Les dispositions de l'art. 6 de la loi du 13 floréal an II concernent les prévarications qui pourraient être commises par les préposés dans l'exercice de leurs fonctions. La connaissance des délits est dans tous les cas renvoyée aux tribunaux, et les préposés sont destituables de leur emploi ; voici ces différens cas :

1.° Tout procès-verbal fait par suite de rixe particulière et personnelle, à laquelle on tenterait de donner une couleur de résistance ou de rebellion, quoique les préposés ne fussent véritablement pas en fonction.

2.° Toute somme perçue, soit à titre de don ou autrement, au détriment de l'administration. Les préposés qui recevraient ainsi des récompenses ou gratifications seraient condamnés, en vertu de l'article 177 du code pénal, comme fonctionnaires publics qui se laissent corrompre. (*Loi du 4 germinal an II, titre 4, art. 3.*)

3.° Toute manœuvre tendant, de la part des employés, à provoquer la contrebande pour l'arrêter ensuite, ou qui la feraient eux-mêmes. (*Loi du 21 avril 1818, art. 39, titre 4.*)

4.° D'après les dispositions de l'art. 186 du code pénal, toutes voies de fait commises par les fonctionnaires publics envers les individus sans qu'il y ait nécessité d'une légitime défense. (*Voir, à cet égard, les dispositions de la circulaire n.° 659 et le n.° 783, circulaire transmissive de l'arrêt de la cour de cassation, du 5 décembre 1822.*)

5.° Tout préposé qui refuse formellement d'obéir aux ordres de ses chefs et qui se serait porté à des voies de fait, injures ou menaces envers eux.

MODÈLE N.° 1. (1)

Brigade de 10 hommes.

Le prép. Paul malade.
Le prép. Periu en congé } 2

Disponibles. 8

JANVIER 183...

Ordres du 2 au 3.

SERVICE DE L'APRÈS-MIDI.

A (*l'heure en toutes lettres*), les préposés..... sortiront du poste pour se rendre au lieu dit, (*ici on doit bien préciser le point d'observation*), où ils tiendront observation jusqu'à ..... heures du soir, et rentreront ensuite au poste par le chemin de.......

Le lieutenant (*ou le sous-lieutenant*) surveillera l'exécution du service ci-dessus prescrit.

(*Signature du lieutenant.*)

(1) Il est entendu que ce modèle ne peut servir dans tous les postes.

SERVICE DE NUIT.

Première subdivision. Brune. A.... heures de relevée, les préposés .... recevront l'ordre de se porter en service de circulation (*ou autre*) à la lisière du bois de .... et de rentrer au poste à .... heures, par le sentier de......

Deuxième subdivision. A ..... heures du soir, les préposés .... se rendront individuellement au ...... (*lieu de rendez-vous*) où le lieutenant leur ordonnera d'aller stationner, jusqu'à .... heures, à l'angle du bois de .... et de là, en passant par .... (*ici on doit désigner les contre-marches,*) au lieu dit (*position à bien désigner,*) pour y tenir embuscade jusqu'à ... heures du matin, et de rentrer au poste après avoir fait le rebat du terrain qui leur est confié.

Troisième subdivision. A ..... heures du soir, le lieutenant (*ou sous-lieutenant*) et le sieur ..... se réuniront au (*lieu du rendez-vous*); de là se rendront, en passant par, (*désigner leur marche*), au lieu dit .... où ils tiendront embuscade jusqu'à ..... heures du matin, et rentreront au poste après avoir observé, pendant .... heures, les chemins (*ou sentiers*) du village de ....

SERVICE DU MATIN.

Rebats. A ..... heures du matin, les préposés .... sortiront du poste, et feront les rebats de la penthière, comme suit :

Le premier, celui de gauche en passant par (*ici on devra désigner exactement les endroits où devra passer le rebatteur*) (1) jusqu'au point de jonction de gauche (*ou de droite*), et après avoir conféré, il se réunira au préposé (*au deuxième rebatteur*) à la croix de ....

Le deuxième fera celui de droite, (*comme pour le premier.*)

Observation. Les préposés .... réunis après l'exécution des rebats, se porteront en avant du bois de ....., où ils tiendront observation jusqu'à .... heures de relevée, et rentreront au poste par le chemin de ....

Contre-rebat. A ..... heures du matin, le sous-lieutenant (*ou le lieutenant*) sortira de la résidence pour faire le contre-rebat sur toute la penthière, à partir du point de jonction de gauche (*ou de droite ou du centre*), en passant par (*on doit également désigner le terrain qu'il doit parcourir à*

(1) La direction des rebats doit être variée suivant le temps ou la saison.

divers sens), et surveillera ensuite l'entière exécution du service d'observation (*ou jusqu'à ..... heures.*)

Les préposés .... porteront les correspondances.

(*Signature du lieutenant.*)

RÉSULTAT.

Nous soussignés, chefs et préposés, certifions avoir exécuté le service tel qu'il a été ordonné.

Correspondance de droite.

A ..... heures (*avant ou après midi*), le préposé .... de la brigade de ... a apporté la correspondance partie de Thionville le .... 183... avec la somme de .... destinée :

« A M. (*nom, qualités et demeure*) avec une lettre n.° 4 ..... 12 fr. » (*S'il y a des lettres ou paquets chargés d'argent pour la brigade, on doit aussi en faire mention.*)

La correspondance est partie le... à ..... heures, conforme avec la somme de 30 fr. 50 cent., et a été portée par le préposé (*nom du porteur.*)

Correspondance de gauche. Même inscription qu'à la précédente.

Le préposé .... a conféré à la jonction de gauche avec le préposé..... de la brigade de.... Le préposé .... a la jonction de droite avec le préposé ...... de la brigade de .....

(*Les événemens de toute nature doivent être exactement détaillés, ainsi que les vérifications qu'auraient faites les chefs; et comme ce sont les employés qui doivent en faire les déclarations*, on dira : *Les sieurs Pierre et Paul déclarent avoir vu, à telle heure, etc.*) Aucune trace et aucun mouvement de fraude n'ont été reconnus.

(*Signatures des employés.*)

BRIGADE

DE ..... HOMMES.

MODÈLE N.° 2.

***RELEVÉ** des services faits par la brigade de ..... pendant le mois de .... 183...*

DATES.	LIEUTEN. HEURES de jour.	LIEUTEN. HEURES de nuit.	SOUS-LIEUT. HEURES de jour.	SOUS-LIEUT. HEURES de nuit.	SOUS-LIEUT. TOURS DE correspondance.	PAUL. HEURES de jour.	PAUL. HEURES de nuit.	PAUL. TOURS DE correspondance.	PIERRE. HEURES de jour.	PIERRE. HEURES de nuit.	PIERRE. TOURS DE correspondance.	PERIN. HEURES de jour.	PERIN. HEURES de nuit.	PERIN. TOURS DE correspondance.	OBSERVATIONS.
1	6	»	»	12	»	Malade.		»	3	12	»	En congé		»	On dira ici de quelle manière les nuits sont comptées ; si c'est de huit heures du soir à quatre heures du matin, etc. Les vingt-quatre heures se compteront de minuit à minuit, ou de midi à midi.
2		12	14	»	1			»	8	6	»	16	»	1	
3															
4															
5															
6															
7															
8															
9															

14															
15															
16															
17															
18															
19															
20															
21															
22															
23															
24															
25															
26															
27															
28															
29															
30															
31															

Vu et vérifié par le Lieutenant d'ordre soussigné.

QUATRIÈME PARTIE.

DE LA CONTREBANDE.

MANIÈRE DE LA DÉJOUER.

Les employés ne sauraient trop employer de moyens et de ruses pour déjouer la fraude ou contrebande; car ce n'est pas toujours à la force d'un service dirigé aveuglément et au hasard que l'on peut attribuer le plus de succès, mais plutôt aux documens que l'on doit chercher à se procurer sur l'intensité de la fraude et sur les mouvemens à la frontière. Les avis que les lieutenans auront recueillis devront toujours être portés à la connaissance des chefs de divisions.

Tous les renseignemens obtenus par les préposés doivent être communiqués aux chefs du poste qui sont à même de prendre des mesures de service pour déjouer les tentatives, et les préposés qui, par égoïsme ou ambition, agiraient de leur propre mouvement et sans avoir pris les ordres de leurs chefs, ne travailleraient pas dans l'intérêt de l'administration, puisqu'ils auraient négligé de recourir à l'assistance de leurs camarades dans un cas où il eût été urgent pour obtenir le plus de succès possible. Enfin, tout préposé, avide de saisir par intérêt personnel, est capable de faire pacte avec des contrebandiers et permettre positivement l'introduction d'une partie d'un convoi de fraude pour saisir l'autre, ce qui serait prévariquer. On ne saurait trop répéter que la fraude trouverait un encouragement dangereux dans l'avidité immodérée des saisies qui tendent à la perpétuer; tandis que le but des préposés doit être de la détruire, et on se tromperait grandement si on croyait prouver le bon service par le nombre des saisies. (*Voir la lettre administrative du* 25 *novembre* 1791, *intitulée* Esprit des Lois, *à la fin de cette partie.*)

Ces abus, les plus graves qui puissent exister dans les brigades, doivent nécessairement être réprimés. Le lieutenant qui en aurait l'avis ou le soupçon doit en faire l'objet d'une vérification sévère et en informer ses supérieurs.

Les avis d'introductions de fraude qui parviennent aux chefs de brigades, avec ordre de doubler le service, doivent être communiqués aux préposés pour leur donner un redoublement d'activité et les mettre tous à même de savoir quel genre de contrebande ils seraient susceptibles d'attaquer ou de repousser, quoiqu'ils doivent toujours être dans l'attente d'importations frauduleuses; et s'il est nécessaire, dans ce cas, qu'ils soient stimulés et mis en éveil, c'est que la trop grande absence de fraude rend la plupart des préposés insoucians.

ATTAQUES, SAISIES, RÉBELLIONS.

On ne saurait trop décrire la manière d'attaquer les importations nocturnes; beaucoup dépend des précautions qui auraient été prises, de la composition des convois de fraude ou de la position des attaquans; mais il est certain que plus on peut apporter d'agilité en attaquant, plus on a lieu d'espérer de succès. Il est aussi essentiel de montrer de la fermeté pour imposer aux rebelles.

On ne doit faire éclater une attaque qu'après s'être approché de la bande et en avoir été aperçu; alors seulement il convient de tirer un ou deux coups de feu en l'air pour prévenir les embuscades voisines qui doivent aussitôt se disperser pour se diriger en silence, ou vers le lieu de l'attaque, ou au devant de la bande; cela dépend des mesures prises la veille entre les employés placés par le même chef.

Si l'attaque avait lieu en première ligne ou en intermédiaire, et que l'on n'eût pas vu rétrograder la bande à l'étranger, on devrait, après l'avoir perdu de vue, continuer la poursuite, au hasard, en tirant, de temps à autre, quelques coups de feu pour donner l'éveil à la deuxième ligne, où il faudrait ensuite la signaler, tant que possible, à un chef qui, de son côté, prendrait des mesures pour arrêter la bande dans l'intérieur; et les préposés qui auraient ainsi signalé l'attaque devraient aussitôt retourner sur leur penthière, auprès de leurs camarades restés sur le terrain, pour garder leur capture et y attendre le jour, afin de se livrer à la recherche des charges abandonnées.

Il serait essentiel aussi que les préposés disponibles après l'affaire reprissent immédiatement des positions d'embuscades jusqu'au jour; car deux bandes peuvent fort bien franchir, dans une même nuit, sur la même penthière.

Après avoir déclaré la saisie des objets de contrebande et l'arrestation des prévenus, on doit se transporter au bureau le plus voisin du lieu de l'arrestation, pour y rédiger procès-verbal, sauf empêchement. (*Voir la circulaire du Directeur, du 24 octobre 1828, qui rappelle cette obligation comme la circulaire n.° 351, année 1817.*) Le chef de la saisie doit aussi informer, sans délai, son lieutenant d'ordre ou son contrôleur de brigades, et donner à la piste les suites convenables.

Dans le cas de rébellion de la part des fraudeurs, les préposés devront toujours agir avec beaucoup de prudence et de circonspection, et ne faire usage de leurs armes que dans un cas bien urgent. On ne saurait encore trop recommander d'apporter du ménagement envers les fraudeurs arrêtés. Le chef de l'arrestation doit veiller à ce qu'ils ne soient point maltraités mal à propos.

Les préposés doivent bien se garder de tirer sur les fraudeurs qui fuient s'ils ne veulent s'attirer la disgrâce de l'administration, sans préjudice des peines portées à l'art. 198, titre 1.er du code pénal.

Ils se rendraient encore coupables en laissant évader les fraudeurs arrêtés. (*Circulaire administrative du* 20 *mars* 1812.)

EXTRAIT

De la lettre de l'administration du 25 *novembre* 1791, Esprit des Lois de douanes, *adressée aux Directeurs.*

Aujourd'hui, Messieurs, que les lois sont le résultat de la volonté générale, nul ne doit être porté à les enfreindre; nos préposés doivent donc s'y conformer religieusement; mais cette obéissance aux lois nouvelles doit être telle que chacun sente les avantages de leur exécution.

Cette exécution doit rappeler le vœu des législateurs, et c'est dans son esprit que la loi veut être accomplie.

C'est surtout à l'exécution des lois, concernant les douanes, que ces principes doivent être appliqués. Elles ne doivent être dans les mains des préposés qu'un moyen de prévenir ou de réprimer la fraude, et jamais la rigueur n'en doit être déployée contre quiconque peut n'être pas soupçonné d'avoir prémédité de s'y soustraire. Tout le monde est tenu de connaître les lois; un étranger même, en arrivant dans un pays, contracte cette obligation. Cependant il est bien constant que la plupart des français, et à plus forte raison les étrangers dont le commerce n'est pas la profession, ignorent les lois relatives aux douanes. On doit instruire ces hommes des obligations qu'ils ont à remplir avec des marchandises, les mettre sur la voie des formalités prescrites, et s'ils tombent dans une légère, mais involontaire contravention, au lieu de dresser un procès-verbal de saisie, se borner à faire payer les droits des marchandises permises, et même assurer le renvoi de celles dont l'entrée ou la sortie ne le serait pas. Enfin, leurs soins doivent s'étendre à prévenir les fraudes et à diminuer le nombre de ceux qui pourraient avoir le dessein de s'en rendre coupables. Nous sommes persuadés que cette conduite modérée, soutenue par la fermeté et l'exactitude dans les visites, est beaucoup plus propre à augmenter les produits qu'à en opérer la diminution.

Nous vous répétons que ces observations ne peuvent être portées que sur des personnes qui voyagent, ou dont l'état n'admet pas une connaissance nécessaire des lois particulières au commerce; tels sont les principes qui doivent faire la base de la conduite des préposés des douanes.

CINQUIÈME PARTIE.

DU CONTENTIEUX.

Manière de constater les Infractions sur les Frontières de terre.

CRIMES DE CONTREBANDE.

Ces infractions sont renvoyées à la connaissance des cours d'assises par l'article 54 de la loi du 28 avril 1816, et contre lesquelles des lois ont prononcé des peines afflictives ou infamantes :

1.° *Rébellion ou contrebande avec attroupement et port d'armes.*

On doit conclure par le procès-verbal qui constate ce crime, (*reconnu par l'art.* 22 *de la loi du 17 décembre 1814*), à la confiscation des objets saisis, à l'emprisonnement des prévenus et à l'amende portés par l'art. 51 de la loi du 28 avril 1816, titre 5, et de plus, aux dépens voulus par l'art. 3 du titre 12 de la loi du 22 août 1791, et le procès-verbal doit être remis dans les trois jours, au plus tard, au procureur du roi de l'arrondissement. Dans le cas de spoliation de marchandises. (*Voir les instructions de la circulaire n.° 1092, année* 1828.)

2.° *Préposés des Douanes.*

Les peines prononcées par la loi du 13 floréal an II, art. 6, sont applicables aux préposés qui favorisent la contrebande, et communes à ceux qui, avant d'être rayés des cadres, seraient surpris portant eux-mêmes de la contrebande. (*Loi du* 21 *avril* 1818, *art.* 39.)

DÉLITS DE FRAUDE.

Ces infractions sont soumises par les lois à la jurisprudence des tribunaux correctionnels et à l'application des peines correctionnelles.

1.° *Tissus prohibés.*

Un procès-verbal de saisie faite dans l'intérieur est soumis aux formalités dictées par les art. 61 et 62, titre 6 de la loi du 28 avril 1816, et non à celles de la loi du 9 floréal an VII. Pour les poursuites, on citera l'art. 66, et par application, les art. 42 et 43. (*Art. 44, en cas de fausses marques*), de la loi du 21 avril 1818. (*Voir les instructions données pour le mode de rédaction, circulaires n.os 485, 696 et 721.*)

2.° *Circulations illicites ou dépôts et importations frauduleux.*

Pour les saisies, dans le rayon, de marchandises prohibées à l'entrée, où dont l'admission est réservée à certains bureaux, ou enfin, celles d'objets tarifés dont le droit serait de 20 fr. le quintal métrique (100 kilogrammes) et au-dessus, on doit procéder en vertu de la loi du 28 avril 1816, titre 5, en invoquant les art. 39 à 48, sauf les cas dont il est fait exception ci-après par articles séparés. (*Voir le modèle du rapport n.° 3.*)

On ne doit pas verbaliser, sauf le cas de récidive, pour une quantité moindre que celle de deux kilogrammes tabac, de cinq kilogrammes denrées coloniales, ou de dix mètres de marchandises à l'aune. (*Voir, à cet égard, les circulaires du Directeur, des 9 février, 8 mai 1827, et 16 juin 1829.*)

Les saisies de livres introduits en fraude de droits doivent être constatées comme celles de toutes autres marchandises, sauf à prévenir le ministère public. (*Circulaire n.° 1163.*) Les livres des voyageurs, pour leur usage, ne sont pas assujettis aux formalités, pourvu que le catalogue soit remis à la douane avec promesse, par écrit et signée, de ne pas s'en défaire. (*Circulaire administrative du 30 mai* 1810.)

3.° *Grains et farines.*

Toutes saisies de grains, farines ou légumes secs, lorsque la prohibition, à la sortie ou à l'entrée, existe, doit être constatée en invoquant, tant pour l'amende que pour la confiscation des objets saisis, les art. 2 et 6 de la loi du 26 ventôse an V.

4.° *Circulation des sels.*

Pour infraction à l'impôt de la consommation sur le sel, si la fraude est commise par une réunion de trois individus et plus, on doit faire l'application de la loi du 17 décembre 1814, titre 4; et s'il s'agissait de saisie du sel de l'étranger, il faudrait procéder comme pour importation frauduleuse.

CONTRAVENTIONS DE DOUANES.

Ces infractions, laissées par les lois à la connaissance des juges de paix, sont punies de la confiscation des objets saisis et de peines pécuniaires.

1.° *Exportations frauduleuses, entrepôts et transports illégaux.*

La loi du 22 août 1791 est applicable aux saisies de marchandises et denrées; 1.° à la sortie lorsqu'elle en est prohibée, et les condamnations sont celles dictées par les art. 1 et 13 du titre 5, à moins que la marchandise prohibée à la sortie ait un régime spécial. (*A voir au tarif.*) 2.° Pour les saisies de marchandises autres que du cru du pays tarifées au-dessous de vingt francs le quintal métrique (ou deux cents livres) entreposées dans le rayon et pour lesquelles on n'aurait pu représenter d'expéditions d'un bureau de douanes pour leur transport, et ce sont les art. 37, 38 et 39 du titre 13 qui y sont applicables. 3.° Pour celles de marchandises que l'on transporterait dans le rayon sans passavant, ou qui auraient dépassé le premier bureau d'entrée ou de sortie, en invoquant de plus, pour la peine, la loi du 4 germinal an II, titre 3.

2.° *Chevaux et bestiaux.*

Pour leur saisie à l'importation ou à l'exportation, on invoquerait la loi du 22 thermidor an X, en appliquant pour la peine les art. 4 et 5, titre 3 de la loi du 4 germinal an II. Si la prohibition, à la sortie, existait, on pourrait citer la loi du 22 août 1791, art. 3, titre 5, appliquant l'art. 1.er, même loi, pour l'amende de 500 fr. (*Voir la loi du 28 juillet 1822, et la circulaire n.° 928, relativement à la police des bestiaux en pacage sur la frontière.*)

3.° *Chiens fraudeurs.*

A l'égard des procès-verbaux des saisies de chiens chargés. (*Voir les instructions du Directeur données par sa circulaire du 14 février 1828.*)

4.° *Courriers de malles, messageries et voitures publiques.*

1.° Les courriers ne peuvent se charger d'aucune marchandise. On doit procéder à leur saisie en vertu de la loi du 4 germinal an II, titre 3, art. 7, qui détermine les condamnations. 2.° Les objets qui ne sont pas portés sur la feuille de voyage sont confiscables, ainsi que les moyens de transport. (*Voyez page* 81, *dispositions générales, premier paragraphe.*) Les conducteurs ou régisseurs intéressés sont solidaires pour l'amende fixée par l'art. 8, titre 3 de ladite loi du 4 germinal an II. (*Voir, pour la manière de procéder, la circulaire n.°* 55, *année* 1815)

Pour les saisies sur les voitures de voyageurs, on procédera en vertu de l'article 18 de la loi du 27 juillet 1822. (*Voir les instructions de la circulaire n.°* 775. *année* 1822.)

Pour celles faites sur les voyageurs en diligence, il n'y a pas lieu à l'arrestation des contrevenans; on doit seulement conclure à l'amende, outre la confiscation et les dépens, conformément aux articles 1.er, titre 5 de la loi du 22 août 1791, et 10, titre 3 de celle du 4 germinal an II. (*Voir la circulaire du Directeur, du* 29 *décembre* 1827.) Les voyageurs ignorant souvent les lois, ils doivent être excusés dans certains cas, et on doit toujours les prévenir des formalités à remplir, tant à la sortie qu'à l'entrée. (*Circulaire n.° 321, année* 1817.) Les habits et le linge de corps à l'usage des voyageurs sont exempts des droits; un voyageur peut importer les habillemens en nombre de six, et le linge de corps dans une quantité relative. (*Circulaire administrative du* 22 *août* 1797.) Cette exemption ne peut cependant s'accorder aux étrangers déjà établis en France. (*Circulaire du* 15 *décembre* 1801.)

5.° *Drilles ou chiffons.*

Pour constater les saisies faites à l'exportation, en entrepôt ou à la circulation dans les trois lieues frontières (quinze kilomètres), on doit faire l'application, pour la saisie et la confiscation des drilles, de la loi du 3 avril 1793, art. 3, et pour l'amende et la confiscation des moyens de transport, de l'art. 1.er, titre 5 de la loi du 22 août 1791.

INFRACTIONS MIXTES.

Ces infractions, soit crimes, délits ou contraventions, sont celles dont la matière ou dans lesquelles l'intervention des douanes n'est qu'accessoire, et qui se poursuivent à la requête du ministère public, ou que les préposés ne sont autorisés à constater qu'au nom seul des administrations qu'elles concernent.

1.° *Crime étranger à la contrebande.*

Pour opposition à l'exercice des employés des douanes, avec voies de fait, les individus seront arrêtés, et le procès-verbal qui en sera rédigé, en invoquant l'art. 2, titre 4 de la loi du 4 germinal an II, sera remis au procureur du roi pourqu'il poursuive. (*Voir la circulaire n.° 659, année 1821.*)

Les procès-verbaux qui constatent des injures ou simple opposition à l'exercice des employés ne font pas foi jusqu'à inscription de faux. (*Dispositions de la circulaire du Directeur, du 23 avril 1829, et arrêt de cassation du 11 décembre 1807.*)

2.° *Crime de faux.*

Pour faux ou altération des expéditions de douanes, marques de marchandises, plombs, etc., les prévenus doivent être constitués prisonniers, et le procès-verbal doit être remis, dans le jour de la saisie, au juge de paix le plus voisin, et c'est le tribunal devant lequel la saisie est portée, qui juge si les pièces arguées de faux donnent lieu à la poursuite criminelle contre les auteurs.

3.° *Infraction à constater au nom de l'administration de l'enregistrement.*

Pour constater les saisies de lettres de voiture, connaissemens et autres pièces assujetties au timbre, qui en seraient dépourvues, on doit citer le décret du 16 messidor an XIII, art. 2, appliquant la loi du 6 prairial an VII, art. 4, sur le timbre. Le rapport doit être remis au receveur d'enregistrement le plus voisin, pour qu'il dirige les poursuites. (*Voir la circulaire n.°* 35, *année* 1815, *pour la manière de procéder et le modèle de rapport, n.°* 10.)

4.° *Infraction à constater au nom de l'administration des postes.*

Pour toute saisie de lettres, journaux, feuilles à la main d'un poids d'un kilogramme et au-dessous, transportées par autre voie que par celle de la poste, on procédera en vertu de l'arrêt du 27 prairial an IX. Les lettres ou paquets saisis seront remis au bureau des postes le plus voisin, ainsi que l'original du rapport qui contiendra l'énumération desdits paquets ou lettres et leurs adresses. (*Voir la circulaire n.°* 1019, *année* 1826.)

5.° *Livres et écrits défendus.*

En vertu de l'art. 45 du décret du 5 février 1810, procès-verbal peut être rédigé de la saisie de ceux que l'on introduirait ou qui circuleraient. L'original du rapport doit être remis au sous-préfet de l'arrondissement, pour être adressé au Directeur de l'administration, et les livres ou écrits saisis seront déposés provisoirement à la mairie, à la sous-préfecture ou à la préfecture la plus voisine du lieu où le délit aura été constaté. (*Voir la circulaire n.° 770, année 1822, qui prescrit le mode de procéder, et la circulaire n.° 269, année 1817, relative aux journaux étrangers.*)

Les procès-verbaux peuvent être rédigés sur papier libre, pour être ensuite visés pour timbre et enregistrement. (*Circulaire n.° 797, année 1823.*)

6.° *Infractions à constater au nom de l'administration des impôts indirects.*

1.° Les boissons saisies en vertu de l'art. 17 de la loi du 28 avril 1816, entraînent les condamnations portées par les articles du titre 1.er, même loi. Pour refus de représentation d'expéditions, il y a lieu aux mêmes peines. (*Voir le modèle de rapport n.° 6.*)

2.° Pour les saisies de cartes à jouer que l'on fabriquerait, distribuerait, vendrait ou colporterait sans l'autorisation de la régie, on conclurait en appliquant les condamnations de l'article 116 de la loi du 28 avril 1816. Les dispositions des articles 223, 224, 225 et 226 de cette même loi, (*section des contributions indirectes*), sont aussi applicables à la fraude et à la contrebande sur les cartes. On agirait à la requête de l'administration des douanes s'il s'agissait d'introduction ou de transport dans les deux myriamètres sans expéditions; mais si les saisies étaient seulement motivées sur la contravention aux réglemens concernant les cartes, la poursuite serait alors engagée au nom de la régie des impôts indirects.

3.° Les poudres ou salpêtres saisis par les préposés des douanes doivent, par eux, être déposés au magasin le plus voisin affecté à ces matières, et les contraventions seront constatées par la loi du 13 fructidor an V, excepté qu'à l'exportation la peine est celle déterminée par l'art. 1.er du titre 5 de la loi du 22 août 1791, et le cas est correctionnel.

4.° Les ouvrages d'or et d'argent qui seraient en contravention pour fraude du droit de garantie, ou pour une des formalités prescrites par la loi du 19 brumaire an VI, doivent être saisis et confisqués conformément à l'art. 107, et les préposés laisseront aux employés des contributions indirectes le soin de verbaliser. (*Voir la circulaire n.° 1095, année 1828, qui donne des instructions à cet égard.*)

Le numéraire et les matières d'or et d'argent que l'on tenterait d'exporter sont saisissables en vertu de l'arrêté du 23 ventôse an XI, et on doit procéder au nom de l'administration des douanes, en invoquant pour la peine l'art. 1.er, titre 5 de la loi du 22 août 1791, d'après la circulaire n.° 565, année 1820.

Pour les saisies de tabacs, on doit rédiger à la requête de l'administration des douanes, dans le seul cas de l'importation (c'est-à-dire, lorsque le tabac aura été arrêté se dirigeant vers l'intérieur), et on y conclura comme pour marchandises prohibées à l'entrée; mais en autre cas, en vertu de l'art. 223, titre 5 de la loi du 28 avril 1816, (*section des contributions indirectes*), en invoquant pour les condamnations les articles de cette loi, comme ils sont présentés au modèle de rapport n.° 7; et du reste, voir les instructions données par les circulaires du Directeur, du 24 décembre 1814, du 6 septembre 1815, 22 mai 1829, et 19 juin 1830; en outre, celles administratives n.os 72 et 103 dont il est aisé de faire le rapprochement au titre 5 de la loi du 28 avril 1816.

La contrebande de tabac avec attroupement et

port d'armes est poursuivie et punie comme en matière de douanes. (*Art.* 226.)

OBSERVATIONS GÉNÉRALES.

Les préposés qui savent lire devront bien se pénétrer des articles de lois dont des extraits existent dans les brigades; et plutôt que d'en faire une fausse application, il suffirait de citer les lois tout simplement. Ces lois, qu'ils ont le plus fréquemment à invoquer dans les procès-verbaux, ont spécialement pour but la répression de la contrebande à l'entrée. (*Voir les circulaires n.os* 150, 151 *et* 397 *qui donnent des développemens sur les titres* 5 *et* 6 *de la loi du* 28 *avril* 1816, *et la circulaire n.o* 393 *sur le titre* 6 *de celle du* 21 *avril* 1818; *l'art.* 38 *de cette dernière abroge les art.* 50, 55, 56, 57, 58 *et* 68 *de celle de* 1816.)

Lorsque les préposés auront à constater une infraction à la requête d'une administration étrangère, ils pourront, si les localités le permettent, requérir l'assistance des employés de cette administration, afin de procéder avec plus de régularité.

FORMALITÉS DES PROCÈS-VERBAUX.

Dans les dix premiers articles du titre 4 de la loi du 9 floréal an VII, il existe, en matière de douanes, quatre classes de saisies distinctes : 1.° Saisies en campagne : 2.° saisies à domicile ; 3.° saisies pour falsification d'expéditions ; 4.° saisies à bord de bâtimens et les formalités prescrites par ces articles sont de rigueur pour toute contravention, à peine de nullité.

Les employés s'exposeraient à encourir la disgrâce de l'administration en omettant ces formalités. Il est donc de leur intérêt de se bien pénétrer de ces dix articles que je rapporte ici, augmentés de quelques développemens, en caractère italique. Les chefs de brigades particulièrement ont besoin de s'instruire sur la rédaction des procès-verbaux.

Article 1.er

Deux préposés des douanes ou autres citoyens français suffisent pour constater une contravention aux lois relatives aux importations, exportations et à la circulation.

Article 2.

Ceux qui procéderont aux saisies feront conduire, dans un bureau des douanes, et autant que les circonstances le permettent, au plus prochain du lieu de l'arrestation, les marchandises, voitures, chevaux, bestiaux servant au transport, et ils rédigeront, de suite, leur rapport.

Article 3.

Le rapport énoncera la date et la cause de la saisie, la déclaration qui en aura été faite au prévenu, les noms, qualités et demeures des saisissans et de celui chargé des poursuites; l'espèce, poids ou nombre des objets saisis, la présence de la partie à la description ou la sommation qui lui aura été faite d'y assister, le nom et la qualité du gardien, le lieu de la rédaction du rapport et l'heure de sa clôture.

La description des marchandises à l'aune, faite article par article, doit indiquer les longueurs et largeurs, calculées en mètres et fractions de mètres, les numéros et marques des pièces ou coupons, et enfin, le poids brut ou net des ballots. (Voir la circulaire n.° 237, année 1817.)

Sur les marchandises saisies à l'intérieur, les échantillons doivent être prélevés en double sur chaque pièce ou coupon. (Circulaire n.° 179, année 1816.)

Article 4.

Dans le cas où le motif de la saisie portera sur le faux ou l'altération des expéditions, le rapport énoncera le genre de faux, les altérations ou surcharges. Lesdites expéditions, signées et paraphées des saisissans *ne varietur*, seront annexées au rapport qui contiendra la sommation faite à la partie de le signer et sa réponse. *Il est même nécessaire que les pièces arguées de faux soient copiées et décrites fidèlement dans le corps du rapport.*

Article 5.

Il sera offert mainlevée, sous caution solvable ou en consignant la valeur des moyens de transport saisis pour autre cause que pour prohibition de marchandises dont la consommation est défendue, et cette offre, ainsi que la réponse de la partie, sera mentionnée au rapport.

Un arrêt de la cour de cassation de l'an VIII a confirmé les termes de l'art. 5, *et a décidé que l'offre de mainlevée ne doit avoir lieu que par rapport aux bâtimens, bateaux, voitures, chevaux et équipages saisis, et non par rapport aux denrées ou marchandises prohibées.*

Il en sera de même à l'égard des animaux sais s, tels que chevaux, bêtes à cornes, porcs, moutons; et lorsqu'il y aura refus de mainlevée constaté au rapport, on pourra procéder à la vente des objets qui ne pourront être conservés sans courir risque de la détérioration, et l'ordonnance du juge de paix portant permis de vendre sera signifiée dans le jour à la partie. (Décret du 18 septembre 1811.) (Attributions des receveurs poursuivans.)

ARTICLE 6.

Si le prévenu est présent, le rapport énoncera qu'il lui en a été donné lecture, qu'il a été interpellé de le signer, et qu'il en a reçu de suite copie, avec citation à comparaître dans les vingt-quatre heures par devant le juge de paix du canton où la saisie aura été faite. *Si le cas est correctionnel, par devant le tribunal de l'arrondissement, dans le délai que la loi détermine pour comparaître; ce délai, les préposés peuvent se dispenser de l'assigner au rapport.* En cas d'absence du prévenu, la copie sera affichée, dans le jour, à la porte du bureau.

(Voir la circulaire n.° 769, année 1822, qui rappelle l'obligation de remettre une copie du rapport à chaque prévenu.) *Lorsque les prévenus seront étrangers, le rapport énoncera qu'il leur en a été donné lecture avec* interprétation.

Si la partie n'assiste point à la rédaction du procès-verbal, et si elle a sa résidence où il y sera procédé, la signification dudit procès-verbal lui sera donnée, avec signification, par les préposés des douanes ou par ministère d'huissier, dans les vingt-quatre heures de sa clôture. Lorsqu'elle n'a point dans le lieu de domicile réel ou qu'elle est absente, cette signification peut être faite, dans le délai déterminé ci-dessus, au domicile du maire de la commune ou à celui du procureur du roi près le tribunal de l'arrondissement s'il en est établi dans le lieu, et ladite notification vaudra comme si elle était faite à la partie elle-même. Lorsqu'un procès-verbal est rédigé contre une femme en puissance de mari, l'assignation aux fins civiles doit aussi être donnée à ce dernier. (Arrêt de cassation du 15 février 1806.) (Voir le modèle de l'acte de notification n.° 12, page 116.)

Ces rapports, citations, affiches et *significations* devront être faits tous les jours indistinctement.

Article 7.

Lorsqu'il y aura lieu de saisir dans une maison, la description y sera faite, le rapport y sera rédigé et copie en sera remise à la partie. Les marchandises dont la consommation n'est pas prohibée pourront ne pas être déplacées, pourvu que la partie donne caution solvable pour leur valeur; et si elle ne fournit pas caution, ou s'il s'agit d'objets prohibés, les marchandises seront transportées au plus prochain bureau.

S'il y avait impossibilité de rédiger sur les lieux pour quelque cause que ce fût, il en serait fait mention expresse dans le rapport. (Décret du 20 septembre 1809, art. 1.er) *Si on avait saisi en vertu du titre 6 de la loi du 28 avril 1816, et que les localités ne permettent pas de se transporter à un bureau de douanes, le rapport pourrait être rédigé à la mairie du lieu de la saisie, ou à l'un des chefs-lieux de l'arrondissement ou du département.*

En vertu de l'art. 39, titre 13 de la loi du 22 août 1791, les visites domiciliaires ne peuvent être faites que de jour et avec le concours du maire ou de l'adjoint, ou enfin du commissaire de police du lieu, de la présence duquel il sera fait mention dans le rapport. Dans le cas de refus d'un de ces fonctionnaires, on devrait cerner la maison soupçonnée pour recéler de la fraude, et recourir à l'autorité supérieure pour lui dénoncer l'officier qui aurait méconnu ses devoirs, et obtenir d'elle d'en déléguer immédiatement un autre. Dans tous les cas, le refus et la réquisition devront être mentionnés au rapport qui ne peut être argué de nullité lorsqu'il aura été délégué un agent de police, ainsi que le refus et la réquisition d'assister à la rédaction du rapport. (Décret du 20 septembre 1809, art. 2, et circulaires du Directeur, du 9 mars 1817, 15 décembre 1827, et la circulaire administrative n.° 721, année 1822.)

Mais si l'on avait vu pénétrer la fraude dans un domicile, et qu'on l'eût suivie jusqu'aux portes, les préposés pourraient y entrer seuls, de nuit comme de jour, et si l'on en refusait l'entrée on pourrait, pour passer outre, se faire accompagner d'un officier municipal qui, dans tous les cas, devrait être appelé à assister à la rédaction du procès-verbal. (Loi du 22 août 1791, titre 13, art. 35 et 36.) (Voir le modèle de réquisitoire n.° 1, page 85.) *L'art.* 36 *ci-dessus doit être entendu en ce sens; que les employés doivent s'occuper uniquement et exclusivement des moyens à parvenir à la recherche et saisie de la fraude sans se livrer à aucune autre opération; en sorte que si, tout en s'occupant ainsi de l'objet de leur recherche, ils l'ont momentanément perdu de vue par un fait ou une circonstance indépendante de leur volonté, la saisie qu'ils en ont faite n'en est pas moins conforme à la loi.* (Arrêt de cassation du 23 octobre 1807.)

Article 8.

Cet article concerne particulièrement les saisies maritimes.

Article 9.

Les rapports ne seront dispensés de l'enregistrement qu'autant qu'il ne se trouvera pas de bureau dans la commune du dépôt de la marchandise, ni dans celle où est placé le tribunal qui doit connaître de l'affaire; auquel cas, le rapport sera visé le jour de sa clôture ou le lendemain avant midi, par le juge de paix du lieu, ou à son défaut, par l'agent municipal.

Article 10.

Les rapports seront affirmés, au moins par deux des saisissans, devant les juges de paix ou leurs suppléans, dans le délai donné pour comparaître;

c'est-à-dire qu'un rapport doit être affirmé dans les vingt-quatre heures, à compter de l'heure à laquelle il aura été clos. Il résulte de là que pour connaître si l'affirmation a été faite en temps utile, il faut que l'acte énonce l'heure à laquelle il a été rédigé. (Loi du 22 août 1791, art. 18 du titre 10.) *D'après l'arrêté du 17 janvier 1818, en cas de poursuites criminelles ou correctionnelles, les préposés ont trois jours pour remplir cette formalité. Un préposé à demi-solde n'étant pas assermenté ne peut affirmer.* (Voir le modèle d'acte n.° 11, page 115.)

Ces rapports peuvent être affirmés tous les jours indistinctement. (Circulaire n.° 1056, année 1827.)

Lorsqu'il s'agit de contraventions étrangères aux douanes, il est nécessaire d'affirmer également les procès-verbaux. (Circulaire n.° 1087, année 1828.)

DISPOSITIONS GÉNÉRALES.

1.° Tous les moyens de transport qui auront servi à l'introduction ou au transport de la contrebande sont saisissables quand même ils n'auraient pas été indispensables. (*Voir l'arrêt de cassation du* 25 *octobre* 1827, *transmis par la circulaire explicative n.°* 1127.) On ne doit cependant point prononcer la saisie de ceux à l'égard des messageries, les diligences particulières sont saisissables. (*Arrêt du* 8 *novembre* 1805.)

2.° Tout individu arrêté par les préposés pour infraction aux lois et réglemens, devra par eux être conduit à l'autorité qui doit en remettre un récépissé. (*Voir les modèles n.*os 13 *et* 14, *pages* 117 *et* 118.)

3.° Les préposés des douanes, lorsque les localités le permettront, devront conduire eux-mêmes les fraudeurs arrêtés par devant le procureur du roi de l'arrondissement, pour qu'il en ordonne la détention. (*Voir la circulaire du Directeur, du* 26 *décembre* 1827, *pour la marche à suivre à cet égard.*)

4.° Les procès-verbaux d'arrestations de déserteurs ou réfractaires doivent être rédigés par la gendarmerie en présence des préposés qui s'en feront remettre une copie pour servir de récépissé. (*Circulaire administrative du* 20 *février* 1811.) Ces procès-verbaux feront mention des papiers saisis sur les déserteurs. (*Voir la circulaire du Directeur, du* 4 *décembre* 1821, *et le modèle n.°* 9, *page* 111.)

5.° Les papiers dont les fraudeurs arrêtés seraient porteurs devraient être joints et mentionnés aux rapports, pour servir à faire connaître les assureurs et tous les intéressés à la contrebande.

6.° Lorsqu'il y a lieu de constater un crime de contrebande, il n'est pas nécessaire de donner l'assignation à la partie par le procès-verbal dont le dépôt sera fait, dans les trois jours de sa rédaction, au procureur du roi de l'arrondissement.

7.° Il est aussi superflu d'assigner à comparaître lorsque les préposés des douanes ont à constater un délit ou une contravention au nom d'une autre administration qui reste chargée des poursuites à exercer; mais il est essentiel, en cas d'absence de prévenus inconnus, qu'une copie du rapport dressé par lesdits préposés, soit affichée à la porte extérieure de la maison commune du lieu où il aura été rédigé, et non à celle d'un bureau. (*Voir la circulaire n.° 72, et celle du Directeur, du 23 novembre* 1829.)

8.° Dans le cas où une affaire serait mixte, c'est-à-dire, où il y aurait à la fois contravention dont le juge de paix doit connaître en première instance, et contravention dont la connaissance appartient au tribunal correctionnel, il conviendrait de diviser l'action en rédigeant, pour chaque contravention, un rapport distinct et séparé; mais dans chacun desquels on relaterait que les objets faisaient partie de tels autres également saisis par rapport du même jour. (*Circulaire du* 29 *pluviôse an V.*)

La suite des affaires entrant dans les attributions des receveurs des douanes, on a cru inutile de s'étendre beaucoup sur cette partie; les préposés de brigades pouvant se pénétrer de l'essentiel par la lecture des circulaires dont on a rappelé les dates ou numéros.

ACTES DIVERS.

N.° 1.er

MODÈLE

D'un Réquisitoire à faire au Maire ou à son Adjoint.

AU NOM DU ROI.

En vertu de l'arrêté directorial du 9 ventôse an VI, et de l'art. 14 de la loi du 22 août 1791, titre 13, les préposés des douanes, à la résidence de . . . . . . soussignés, invitent, et au besoin requièrent M. le maire de la commune de . . . . (*ou M. son adjoint*), de nous accompagner chez le sieur. . . . . habitant de ladite commune, où nous entendons faire une perquisition, *et de nous faire prêter aide et assistance par la force publique, afin que nous puissions continuer nos opérations chez ledit sieur. . . . . , qui s'est opposé avec violence, à l'exercice de nos fonctions.*

A . . . . . . , le . . . . . 183. . .

(*Signatures des préposés.*)

N.° 2.

MODÈLE

D'un Rapport pour saisie faite à la circulation.

L'an . . . . , le . . . . . . , à la requête de M. le Directeur, président du conseil de l'administration des douanes dont le bureau central est à Paris, rue Monthabor, hôtel du ministère des finances, lequel fait élection de domicile pour les suites du présent en celui de M. . . . . . , son receveur au bureau des douanes à . . . . . , y demeurant, poursuites et diligences de M. . . . . , receveur principal à . . . . . , y résidant. Nous soussignés, (*Noms, prénoms, qualités et demeures des saisissans.*)

(Ce préambule est commun à tous les procès-verbaux.)
(*Même requête.*)

Certifions qu'étant en surveillance à ...., distance de l'étranger de ..... kilomètres, (*spécifier si le lieu est sur une route fréquentée ou s'il est écarté des chemins directs*), nous avons vu venir du côté de ...., vers les .... heures de ce jour, (*mettre le nombre d'individus et ce qu'ils portaient ou conduisaient*), nous étant approchés de ces hommes, nous leur avons déclaré nos qualités en les sommant de nous dire leurs noms, professions et demeures, ce qu'ils portaient (*ou conduisaient*), d'où ils venaient et où ils allaient. Nous ont répondu, (*écrire leur réponse.*) Leur avons demandé de nous représenter les expéditions de douanes autorisant la circulation desdits ....; ont dit qu'ils n'avaient aucune pièce à nous produire, (*s'il était représenté des expéditions fausses, altérées ou surchargées, les préposés devraient se conformer à l'art. 4 de la loi du 9 floréal an VII, voir page 75*); en conséquence, nous les avons sommés de nous accompagner avec lesdits ...... au bureau des douanes le plus voisin, situé à ...., pour y procéder à une vérification détaillée; y étant arrivés à .... heures du matin (*ou du soir*) de ce jour, nous avons, conjointement avec ledit sieur ..... ., receveur, et en présence des prévenus susnommés, reconnu que les ballots (*ou caisses*) renfermaient, (*détailler comme il est prescrit page 74, art. 3

de la loi du 9 floréal an VII); vu la contravention à l'art. 3, titre 2 de la loi du 22 août 1791, (*ou à l'arrêté du 22 thermidor an X, pour le défaut de formalités*), nous avons déclaré auxdits .... .. la saisie des objets décrits ci-dessus. (*S'il y avait des moyens de transport, on dirait :*) Ainsi que (*spécifier les moyens de transport et leur signalement*), desquels moyens de transport nous avons offert mainlevée aux prévenus ci-dessus nommés, sous caution solvable (*ou consignation de leur valeur*), ce qu'ils ont accepté, et de suite ont présenté le sieur ......, demeurant à ... . .., reconnu solvable, qui s'est obligé, par un acte séparé du présent, (1) à payer la somme de ... .. convenue, entre les mains dudit receveur lorsqu'il en sera légalement requis. (*Si les prévenus acceptaient la mainlevée en consignant la valeur des moyens de transport, il en serait fait mention comme s'ils refusaient de consigner cette valeur ou de fournir caution, on mettrait :*) ce qu'ils ont refusé. En conséquence, nous avons mis les chevaux en fourrière chez le sieur ...., demeurant à ...... , moyennant le salaire (*ou la rétribution*) de ...... par jour, et à les représenter sur notre réquisition, ou en payer la

(1) L'acte de remise sous caution des moyens de transport n'est soumis à aucune formalité.

valeur estimée de gré à gré à . . . . . . francs, ce qu'il a signé avec nous. Après avoir remis les objets saisis dans leurs enveloppes primitives, nous avons apposé le cachet de l'un de nous sur chacun desdits ballots, en invitant l'un des prévenus à y apposer également le sien, ce qu'il a fait (*ou refusé*); desquels cachets l'empreinte est en marge du présent. (*C'est ici qu'il do t être fait mention des échantillons à prélever sur les tissus.*)

(Conclusions communes à tous les procès-verbaux au civil.)

Pour procéder aux fins de notre rapport, avons assigné lesdits (*noms et prénoms des prévenus*), à comparaître demain, (*dans les vingt-quatre heures*), à . . . . heures du matin (*ou de l'après-midi*), devant M. le juge de paix du canton de . . . ., en son audience à . . . . . ., pour entendre prononcer la confiscation des objets saisis, se voir condamner à l'amende conformément au titre 3 de la loi du 4 germinal an II, et aux dépens. Avons donné lecture de notre présent procès-verbal auxdits . . . . . , avec sommation de le signer; ce qu'ils ont promis (*ou refusé*), (*ou déclaré ne savoir.*) Fait et clos en ladite douane de . . . ., à . . . . heures avant (*ou après*) midi, des jour, mois et an susdits, avons signé avec le receveur dépositaire, et à l'instant remis, à chacun des prévenus, une copie du présent. (*Suivent les signatures.*)

(*L'Absence des prévenus ou le refus de recevoir copie, malgré les sommations, doit être mentionné au rapport, et copie en serait alors affichée à la porte extérieure du bureau, ou remis à la partie comme il est dit article 6 de la loi du 9 floréal an VII, page 76.*)

N.° 3.

MODÈLE

D'un procès-verbal pour saisie faite, à l'importation, de marchandises prohibées.

L'an ...., etc., certifions que ce jour (*ou hier*), vers ..... heures du matin (*ou du soir*), étant embusqués au lieu dit ... .., distance d'environ ...... kilomètres de l'étranger, avoir vu venir de ce côté et se diriger vers l'intérieur. (*Ici on doit détailler exactement tout ce qui aura été fait à l'approche des fraudeurs, ensuite on dira :*) Nous nous sommes réunis au lieu de l'attaque, où nous avons, à haute voix, déclaré la saisie des.....

ballots. (*S'il y avait des porteurs d'arrêtés, on leur déclarerait la saisie et l'arrestation de leur personne, en leur faisant part que l'on allait se transporter au bureau le plus prochain.*) Arrivés audit bureau à . . . . . heures, nous avons immédiatement procédé, conjointement avec M. le receveur, et en présence des prévenus arrêtés, (*ou en l'absence des prévenus*), à la rédaction de notre rapport et à la description des marchandises comme ci-après : (*Description détaillée.*) Les prévenus, interpellés de se faire connaître et de décliner les noms et demeures des personnes intéressées dans le fait de contrebande, ont répondu . . . . Attendu la contravention aux art. 39 ou 41 et 42, *applicables à toute importation d'objets prohibés, ou introduction frauduleuse d'objets tarifiés à* 20 *francs le quintal métrique et au-dessus. Pour la peine d'emprisonnement on citera, en complément, l'art.* 43, *si l'importation a été commise par moins de trois individus : art* 44, *pour trois et jusqu'à six inclusivement, et art.* 48 *et* 51, *si elle a été commise par plus de six à pied, et au nombre de trois et plus à cheval, ou s'il y avait eu rébellion, (s'il y avait des moyens de transport, on remplirait les formalités du procès-verbal n.°* 2.) Après avoir prélevé un échantillon sur chaque pièce (*ou coupon*) de . . . ., nous avons remis le tout dans son enveloppe primitive, sur la ligature de laquelle nous avons apposé le cachet de l'un de nous, après avoir interpellé les prévenus à y apposer le leur; ce qu'ils ont fait (*ou refusé*), duquel (*ou desquels*) cachet l'empreinte est en marge du présent. (1) Lesdits ballots (*ou charges*), pesant. . . . . kilogrammes, ont été laissés en cet état à la charge et garde de M. (*nom et prénoms*), receveur, qui s'en est constitué dépositaire.

(Conclusions communes aux procès-verbaux au correctionnel.)

Pour procéder aux fins de ce rapport, nous, dénommés d'autre part, avons déclaré auxdits (*noms et prénoms des prévenus*), que se trouvant en état d'arrestation, (*ou qui n'ont pas été mis en arrestation*) que l'assignation à comparaître devant le tribunal correctionnel séant à . . . . leur serait donnée dans la forme et le délai que la loi détermine pour entendre prononcer la confiscation des marchandises saisies, se voir condamner aux peines corporelles et pécuniaires, résultant de l'application des articles précités, et en outre aux dépens. Fait et clos à la douane de . . . . . ., les jour, mois et an que dessus, après avoir donné lecture

(1) On ne peut prélever des échantillons que sur les tissus en pièce ou coupon.

et copie à chacun des prévenus qui ont signé (*ou refusé de signer*), avons signé chacun pour ce qui nous concerne. (*S'il y avait des fugitifs, on dirait :*) Et en avons affiché une copie à la porte extérieure du bureau.

(En remettant les prévenus à la gendarmerie, on peut ajouter au bas du rapport, ce qui suit, pour servir de reçu.)

Nous . . . . ., préposés dénommés dans le procès-verbal ci-dessus, avons immédiatement requis l'assistance des gendarmes de service à . . . . . . , auxquels nous avons remis les prévenus pour être, par eux, conduits devant l'autorité compétente, et ont, lesdits sieurs . . . . . , gendarmes, signé avec nous pour leur charge et garde, le . . . . . mois et an susdits.

(*Signatures.*)

(Lorsque les préposés auront à remettre eux-mêmes les prévenus à la disposition du procureur du roi, conformément à la circulaire du Directeur, du 26 décembre 1827, ils concluront ainsi :)

Pour procéder aux fins du présent, nous, susdénommés, avons prévenu lesdits (*noms et prénoms*) que nous allions les conduire par devant le procureur du roi près le tribunal de première instance séant à . . . . . . pour ordonner leur arrestation, et que citation leur serait plus tard donnée à comparaître devant ledit tribunal, pour entendre prononcer la confiscation des objets saisis et se voir condamner aux peines corporelles et pécuniaires résultant de l'application des articles de la loi précitée, et en outre aux dépens.

Fait et clos, etc.

N.° 4.

MODÈLE

De Rapport de saisie faite à la poursuite et à domicile.

L'AN mil huit cent......., le......., à la requête, etc. ... Nous soussignés......., certifions qu'étant à...... (*indiquer le lieu, l'heure et la distance de l'étranger*), avoir vu venir, du côté de l'étranger, (*désigner l'objet*), se dirigeant vers l'intérieur. En leur déclarant nos qualités, nous les avons sommés de s'arrêter; ce qu'ils n'ont fait et prirent la fuite; ce que voyant, nous nous sommes mis à leur poursuite en lâchant, de temps en temps, des coups de feu pour avertir la deuxième ligne. (*S'il y avait eu nécessité de retourner au poste pour prendre du renfort, on dirait :)* Moi ....., je me suis détaché pour aller prévenir la brigade de ...., qui s'est réunie à nous ....., pour continuer la poursuite; arrivés au lieudit le ...., nous avons reconnu ladite (*l'objet de fraude*) perdue momentanément de vue, et nous sommes enfin parvenus à l'atteindre au moment où elle allait pénétrer dans le bois de ...... (*ou village*), où nous avons arrêté, (*désigner la fraude arrêtée et les porteurs ou conducteurs, continuer comme au modèle n.° 3, et s'il y avait des moyens de transport, ou si c'était des chevaux ou bestiaux, on procéderait, à cet égard, comme au n.° 2.*)

(Si les fraudeurs, avant de sortir du rayon, introduisaient des marchandises dans une maison, on rédigerait ainsi :)

Nous étant mis à la poursuite (*en supposant que ce fût des tissus*) desdits individus que nous avons suivi sans interruption et sans perdre de vue, par le chemin qui conduit au village de....., distance de l'extrême frontière d.. ...., où ils se sont introduits avec leurs charges dans la première maison de ce village. Arrivés presqu'en même temps à ladite maison, vu la nuit, nous l'avons cernée jusqu'au jour, et à .... heures du matin nous y sommes entrés accompagnés de M. . . . ., maire (*ou adjoint*) dudit lieu, dont nous avons requis l'assistance, à l'effet d'opérer, dans cette maison, la recherche des objets que nous y avons vu introduire. Déclaration faite de nos qualités à un particulier que nous avons trouvé dans ladite maison, qui s'en est dit le maître et s'appeler . . . . . ., nous l'avons sommé de nous accompagner dans la perquisition que nous entendions y faire; à quoi, ayant consenti, nous avons passé avec lui et M. le maire dans . . . . ., (*mettre les détails de la perquisition, et bien indiquer le lieu où l'on a trouvé la fraude, et faire connaître les porteurs arrêtés dans la maison qui se trouvent inculpés comme le recéleur*), où nous avons trouvé plusieurs ballots jetés sans ordre à l'entrée, (*ou cachés*), (*s'il s'agissait de bestiaux, on désignerait également l'écurie où ils auraient été trouvés*), que nous avons reconnus pour être ceux que nous avions poursuivis, sans interruption, jusqu'au moment de leur introduction dans sa maison. Sommé de nous dire ce que renfermaient lesdits ballots, pourquoi il les avait reçus chez lui et ce qu'il voulait en faire, (*ici on doit consigner la réponse du recéleur et celle des porteurs arrêtés.*) Procédant ensuite à la vérification et description desdits ballots, toujours en présence dudit. . . . . . . et de M. le maire, nous avons reconnu qu'ils étaient au nombre de ...., que le ballot n.° ....., marqué ......, pesant .. .. , contenait.... pièces de ......, tirant chacune..... mètres, etc., etc.

(*S'il y avait eu rébellion, opposition, refus obstiné de laisser faire la description et de rédiger le rapport dans la maison, d'en entendre lecture avec assignation, de le signer, d'en recevoir copie, et qu'alors on eût été obligé de conduire les marchandises et de verbaliser, dans un bureau, toutes ces circonstances seraient prévues et relatées* (ou l'une ou l'autre) *au rapport avant sa clôture, en vertu du décret du 20 septembre 1809.*) Pour lesquelles marchandises le sieur .... .. n'a pu, malgré nos sommations, nous produire aucune pièce justificative de leur origine nationale, ni aucune expédition de douane; attendu la contravention (*si les marchandises étaient prohibées*) aux art. 39 et 41 de la loi du 28 avril 1816, nous avons déclaré audit .... la saisie des ballots, sur lesquels, l'un de nous a apposé son cachet en invitant ledit ...... à y mettre le sien; ce qu'il a fait (*ou refusé*), desquels (*ou duquel*) cachets empreinte est en marge du présent: nous réservant de transporter lesdits ballots au bureau de ....., pour être remis à la charge et garde de M. ....., receveur. (*Lorsqu'il s'agit de chevaux et bestiaux, ou de marchandises non prohibées, mainlevée sera offerte, et on procédera comme au modèle n.° 2, et le cas étant civil, on conclura de la même manière.*) Pour procéder aux fins de notre rapport, nous avons déclaré audit....... que la citation à comparaître devant le tribunal correctionnel séant à .... lui sera signifiée dans les formes prescrites aussitôt que M. le procureur du roi aura désigné le jour où la cause devra être appelée; à quel effet le présent original sera remis à ce magistrat qui prendra, en outre, telle mesure qui lui semblera convenable pour assurer l'exécution de la loi du 28 avril 1816. Nous avons rédigé le présent procès-verbal en présence de M. ....., maire, qui l'a signé avec nous pour ce qui le concerne, dans la maison dudit (*nom du prévenu*), auquel nous en avons donné lecture, avec sommation de le signer; ce qu'il a promis (*ou refusé*), et lui en avons à l'instant remis une copie en son domicile, où il a été clos à .... heures avant (*ou après*) midi, lesdits jour, mois et an que dessus.

(*Suivent les signatures.*)

Nous préposés dénommés au rapport ci-dessus, nous étant immédiatement rendus audit bureau de ......, avec les ..... ballots précédemment décrits et saisis, nous les avons remis dans le même état à M. ....., receveur, qui a reconnu que les cachets étaient sains et entiers. (*Si c'était des chevaux ou bestiaux, on dirait :*) Avec les..... précédemment saisis que nous avons laissés à la garde de M. ...., receveur, qui les a reconnus pour être ceux désignés au rapport ci-dessus, (*ou qui en a reconnu le nombre décrit.*)

Fait et clos à la douane de ...., à .... heures, lesdits jour, mois et an ...., et avons signé avec le receveur dépositaire.

(*Signatures de deux saisissans et du receveur dépositaire.*)

N.° 5.

MODÈLE

De procès-verbal pour les saisies dans l'intérieur.

L'AN mil huit cent......., à la requête de M. le Directeur de l'administration des douanes françaises dont le bureau central est à Paris, hôtel du ministère des finances, lequel, pour la suite du présent, fait élection de domicile en l'hôtel de la préfecture (*ou sous-préfecture*) de ......

Nous soussignés (*noms, prénoms et qualités*),

domiciliés à ...... , nous trouvant à .... pour l'exercice de nos fonctions, en vertu de l'art. 60 de la loi du 28 avril 1816, certifions qu'étant informés qu'il existe chez M. ... ..., demeurant à ...., canton de ...., arrondissement de ......, département de ...., rue .... ., n.° ....., un dépôt de tissus et de marchandises de la nature de ceux prohibés par l'art. 59 de la loi précitée, nous nous y sommes transportés vers (*indiquer l'heure*), accompagné de M. ... (*nom et prénoms du maire, adjoint ou commissaire de police.*)

Nous avons, en entrant, fait connaître au sieur...... nos qualités respectives, et lui avons demandé de nous permettre, à son domicile, la recherche des tissus prohibés que nous y supposions; ayant consenti, nous nous sommes mis en devoir d'exercer nos recherches, et avons trouvé, en sa présence et en celle de M. ...., (*maire, adjoint ou commissaire de police*), dans un appartement situé (*bien désigner le lieu de dépôt*), plusieurs ballots (*ou pièces*) de tissus (*de coton ou de laine*) non revêtus de marques et de numéros de fabrication française. Nous avons fait remarquer à M. .... cette contravention à l'art. 59 de la loi du 28 avril 1816, et lui avons dit que ces tissus nous paraissaient de l'espèce de ceux prohibés par le même article. Nous lui avons ensuite demandé ce qu'il pouvait alléguer pour sa justification et s'il pouvait nous présenter des factures de fabricans français qui puissent s'appliquer aux tissus que nous trouvions dépourvus des marques et numéros voulus. M. . ..... nous a répondu que (*mettre toute la réponse du contrevenant et la discuter s'il y a lieu.*)

Cette réponse ne nous paraissant point satisfaisante, nous avons déclaré à M. .... qu'en sa présence et en celle de M. ...., (*maire, adjoint ou commissaire de police*), nous allions procéder, en son domicile, à la rédaction du rapport de la saisie des tissus trouvés chez lui, et en faire la description, le tout conformément à l'art. 61 de ladite loi.

En conséquence, nous avons reconnu que les tissus consistaient en (*qualité, mesure et nombre*), nous avons immédiatement, sur chacune des pièces ci-dessus désignées, prélevé deux échantillons numérotés comme la pièce dont un de ces deux échantillons a de suite été mis sous une enveloppe scellée des cachets de M. .... prévenu, du (*maire, adjoint ou commissaire de police*), et de celui de nous qui commande la saisie. Ces trois cachets répétés en marge du présent ont été apposés sur la fermeture des toiles des ballots, au nombre de ......, où nous avons enfermé les tissus décrits ci-dessus.

Procédant aux fins de notre rapport, rédigé sans désemparer, nous avons déclaré à M........., toujours présent à notre opération, que, conformément à l'art. 61 de la loi déjà citée, les échantillons et les ballots de tissus saisis allaient, avec le présent original, être déposés par nous à la préfecture (*ou sous-préfecture*), pour ensuite être adressés par M. le préfet de....., à M. le Directeur de l'administration des douanes, qui les fera soumettre à l'examen du jury, chargé de prononcer sur la nationalité des marchandises qu'ils contiennent, et que, suivant la décision à intervenir, le cas échéant, les poursuites seraient dirigées contre lui par M. le procureur du roi près le tribunal civil séant à ...., conformément à l'art. 66 de la loi du 28 avril 1816, à l'effet d'obtenir, à son préjudice, les condamnations portées aux art. 42 et 43,(44 *en cas de fausses marques*), de la loi du 21 avril 1818.

Fait et clos au domicile de M.........., les jour, mois et an que dessus, à (*indiquer l'heure*), avons donné à M. .... lecture du présent, en l'invitant à le signer, ce qu'il a refusé (*ou accepté*), l'avons immédiatement signé, chacun en ce qui nous concerne, ainsi que M. ....., (*maire ou adjoint*), toujours présent. Copie du présent rapport, dont l'original sera signé par M. le Préfet, (ou Sous-Préfet), comme dépositaire, a été présenté à l'instant à M. .. ... (*Le prévenu*) qui l'a reçu (ou refusé.) (*Suivent les signatures.*)

N.° 6.

MODÈLE

De procès-verbal de saisie de boissons, pour fraude aux droits de circulation.

L'AN mil huit cent ...., le ...., à la requête de M. le Directeur de l'administration des contributions indirectes dont le bureau central est à Paris, hôtel du ministère des finances, poursuites et diligences de M. le Directeur de ladite administration dans le département de ...., lequel fait élection de domicile, pour la suite du présent, chez M. ...., Directeur pour l'arrondissement.

Nous soussignés (*noms, grades et résidence des employés saisissans*), porteurs de nos commissions, certifions qu'étant en surveillance sur la route qui conduit à ...., nous avons vu, se dirigeant du côté de ...., une charrette, tirée par un cheval, conduite par un seul individu et chargée de deux tonneaux ; ayant fait connaître nos qualités au conducteur, nous lui avons demandé ce que renfermaient ces tonneaux ; sur la réponse qu'ils étaient pleins de vin, nous l'avons interpellé de nous déclarer ses nom, prénoms, profession, domicile, le lieu du chargement et celui de la destination desdits tonneaux ; a répondu . . . . . . Ayant percé chacun de ces tonneaux, il en est effectivement sorti du vin rouge que nous avons goûté et fait goûter audit sieur . . . ., et qu'il a reconnu, ainsi que nous, être franc et marchand ; sommé ledit. . . . . . de nous représenter les congés, passavans, acquits à caution ou autres expéditions de la régie des contributions indirectes dont il doit être porteur ; a répondu . . . ., et attendu la contravention dudit . . . . . ., à l'article . . . ., (*pour transport de boissons sans expédition, art. 6 ; pour transport de boissons avec expédition qui n'est pas conforme au chargement, art. 10 ; pour transport de boissons par une route ou à une destination autre que celle indiquée par l'expédition, ou avec une expédition dont le délai est expiré, art. 13 ; pour refus de représenter les expéditions qui doivent accompagner les boissons en cours de transport, art. 17 de la loi du 28 avril 1816*), nous lui avons déclaré, en vertu de l'art. 17 de la même loi, la saisie des deux tonneaux de vin, de la charrette et du cheval, et que nous allions conduire le tout au bureau situé....., où lesdits vins seraient jaugés, estimés et déposés; l'avons sommé de nous accompagner pour assister auxdites opérations, ainsi qu'à la rédaction du procès-verbal, à quoi il a acquiescé. En conséquence, lesdits deux tonneaux ayant été à l'instant transportés sur la même charrette aususdit bureau, nous les avons jaugés et avons reconnu qu'ils contenaient ensemble...... hectolitres.. .... litres de vin, que nous avons évalués, de concert avec le sieur ......, à la somme de ...., et les avons confiés à la garde du sieur ...., receveur des (*impôts indirects*), lequel s'en est chargé avec promesse de les représenter à toute réquisition de justice. Nous avons encore fait observer audit ..... que la charrette et le cheval étant saisis, que pour sûreté de l'amende qu'il a encourue, nous lui en offrions mainlevée moyennant caution solvable, ou la consignation d'une somme de 600 francs, maximum de ladite amende.

(*S'il fournit caution, on dira :*) Nous a présenté pour caution le sieur (*nom, prénoms, profession et demeure*), lequel, ici présent, après avoir pris connaissance du procès-verbal, s'est rendu volontairement garant et caution solidaire dudit..., à qui, par ce moyen, nous avons laissé la libre disposition de la charrette et du cheval susmentionnés. (*S'il refuse de donner caution ou de consigner, on dira :*) Nous ayant répondu qu'il ne pouvait consigner ladite somme de ... ..., ni fournir une caution solvable, nous lui avons fait connaître que les moyens de transport que nous avons estimés à......, savoir : La charrette à......., et le cheval à .... seraient mis en fourrière chez le sieur ......, aubergiste à ...., qui en sera constitué gardien, et nous l'avons prévenu qu'à défaut d'avoir satisfait aux causes de la présente saisie, dans le délai de huit jours, la vente dudit cheval et de ladite charrette sera poursuivie conformément à la loi. (*S'il consignait la valeur des moyens de transport, on dirait :*) Et ledit .... ayant aussitôt déposé la somme de ...... entre les mains dudit sieur ...., receveur, qui le reconnaît, nous lui avons accordé la libre disposition de son cheval ainsi que de la voiture. De tout quoi nous avons dressé le présent procès-verbal dans le bureau ...., en présence du receveur et en celle du sieur ...., leur en ayant donné lecture avec sommation de le signer.

Clos, ledit procès-verbal, lesdits jour, mois et an, à ....,heures du ...., duquel nous avons remis copie audit ..... qui a signé (*ou refusé de signer*) avec nous et le receveur.

N.° 7.

MODÈLE

De rapport de saisie de tabacs transportés en fraude.

L'AN (*même préambule qu'au n.° 6*), certifions qu'étant dans l'exercice de nos fonctions au lieudit ...., avoir vu venir vers ..... heures du soir (*ou du matin*) deux individus suivant le sentier de ...., et chargés de chacun un sac que nous avons soupçonné contenir de la fraude. (*Si les individus étaient montés ou conduisaient des chevaux, il en serait fait mention.*) Après leur avoir fait connaître nos qualités, nous les avons interpellés de nous déclarer quels objets renfermaient les sacs dont ils étaient porteurs, et de nous en justifier; à quoi, ayant répondu ; (*relater leur réponse, et enfin tous les incidens qui seraient survenus au moment de l'arrestation et qu'on ne peut prévoir ici)*, nous nous sommes emparés desdits sacs, que nous avons reconnus contenir des tabacs étrangers, (*ou dépourvus des marques de nationalité.*) (*S'il avait été reconnu des poids et balances, il en serait également fait la description.*) Sommés de nous déclarer leurs noms, professions et demeures, d'où provenaient les tabacs dont ils étaient porteurs, où ils avaient dessein de les transporter, et pourquoi ils avaient ces poids et balances ; ont dit : (*Consigner leurs réponses.*) Attendu leur contravention à la loi du 28 avril 1816, (*art.* 216 *pour tabacs fabriqués, saisis à la circulation ; art.* 217 *et* 218, *en dépôt frauduleux ; art.* 222 *en vente ou colportage illicite*); nous avons déclaré auxdits (*noms des contrevenans*), procès-verbal et la saisie desdits tabacs (*et ustensiles servant à la vente.*) (*Si le transport s'est fait avec des chevaux ou voitures, on ajoutera :*) Ainsi que des moyens de transport en conformité de l'art. 222 de ladite loi, leur avons de plus déclaré que nous allions les conduire entre les mains de la force armée, (*ou pardevant le procureur du roi, qui statuera sur leur emprisonnement ou sur leur mise en liberté.*) (*Dans le cas de semblables saisies à domicile, s'il y avait impossibilité de rédiger sur les lieux, on dirait :*) Nous nous sommes retirés accompagnés desdits. . . au bureau de M. . . . ., receveur des douanes (*ou de la régie des impôts indirects, ou à la maison commune de* ......), située à .. ...., où étant, nous avons, tant en sa présence qu'en celle desdits .. ...., procédé à la reconnaissance et à la pesée desdits tabacs qui se sont trouvés être, savoir : (*Énoncer ici le détail des objets saisis, en spécifiant que les tabacs sont dépourvus des marques et vignettes de la régie, si ce sont des tabacs fabriqués ou autres*); ce que nous avons fait reconnaître à M. ...., receveur, et auxdits ...... , après avoir remis lesdits tabacs (*et ustensiles*) dans les deux sacs, nous les avons renfermés et scellés du cachet de l'un de nous, dont l'empreinte est ci-contre; avons sommé lesdits prévenus d'y apposer le leur; ont répondu......, et avons laissé lesdits sacs, en cet état, à la charge et garde de M. le receveur . .... (*Quant à la mise en fourrière des chevaux, voir le modèle n.° 2.*) Avons fait et clos le présent rapport audit bureau ..... (*ou mairie*), les jour, mois et an que devant, après avoir interpellé les prévenus de le signer avec nous : ce qu'ils ont fait (*ou refusé.*) Avons donné copie à chacun de ces derniers après lecture faite, et avons signé avec le receveur dépositaire. (*S'il y avait lieu à afficher une copie, on dirait :*) Et avons affiché une copie de ce présent rapport à la porte extérieure de la maison de commune (*ou du bureau.*) (*Suivent les signatures.*)

N.° 8.

MODÈLE

D'acte de transport pour opérer le dépôt des tabacs saisis.

Et de suite, lesdits jour et an, à . . . . heures, nous, (*au moins deux employés rédacteurs*), dénommés et qualifiés au procès-verbal ci-dessus et d'autre part, à la requête que dit est, certifions avoir fait charger les . . . . saisis par ledit procès-verbal, et les avoir accompagnés et fait conduire à . . . ., où étant, et parlant à . . . .; nous lui avons déclaré, (*en présence ou en l'absence des prévenus*), que nous allions mettre en dépôt, à sa charge et garde, les . . . . saisis; ledit . . . . ayant reconnu l'état des . . . . s'en est constitué dépositaire, et a signé avec nous le présent.

(*Signatures.*)

N.° 9.

MODÈLE

De procès-verbal d'arrestation d'un déserteur faite par une personne étrangère à l'armée de la gendarmerie.

.....^{me} compagnie de gendarmerie du département de ...., brigade de ....

Cejourd'hui .... du mois de ...., l'an ...., à .... heures du (*soir ou matin*), pardevant nous (*nom, prénoms et grade du commandant du poste*), commandant le poste de......, à la résidence de......, s'est présenté, (*nom, prénoms, fonction ou état du capteur*), lequel nous a déclaré que le .... du mois de ...., an ...., à ..... heures du (*soir ou matin*), il a rencontré le nommé . .... . (*mettre ici les noms et prénoms des détenus*), né à ......, canton de ...., arrondissement de ...., département de........, le..... du mois de...., an ...., accusé de désertion du (*désigner le *corps s'il est connu.*) (*Si le nom du détenu est inconnu, on mettra :*) Un particulier, taille d'un mètre ... ... millimètres, (*ici le signalement physique*), et que, le croyant déserteur, d'après, (*indiquer ici tous les objets de vêtement propre à faire connaître le délit de désertion, tel que la couleur et le numéro du bouton uniforme, et indiquer, en outre, les papiers dont il était porteur, ou s'il n'en avait aucun*), il l'a arrêté et conduit devant nous pour connaître la direction à donner à l'accusé que nous avons interrogé ainsi qu'il suit : (*Mettre ici les questions et les réponses, et surtout chercher à connaître la date et le lieu de la désertion*), après quoi nous l'avons constitué prisonnier, pour ensuite être transféré à ..... (*Si le corps est connu et plus voisin du lieu de l'arrestation que le chef-lieu du département, on mettra :*) Son corps à ...... (*indiquer l'endroit, et dans le cas contraire, on mettra :*) Au chef-lieu du département, et avons délivré copie du présent procès-verbal au capteur, qui a signé avec nous la minute restée entre nos mains.

(*Signatures.*)

Nota. La copie du procès-verbal doit être revêtue du visa du capitaine de gendarmerie du département pour obtenir la gratification.

N.° 10.

MODÈLE

D'un procès-verbal pour défaut de timbre sur une lettre de voiture.

L'AN mil huit cent . . . ., le . . . ., à la requête de M. le Directeur de l'administration de l'enregistrement et des domaines, poursuites et diligences de M. . . . ., Directeur de ladite administration à . . . ., où il fait élection de domicile pour la suite du présent ; nous soussignés, (*noms, qualités et demeures des employés*), y demeurant, munis de notre commission, agissant au présent en vertu du décret du 16 messidor an 13, certifions que cejourd'hui à . . . . . . heures du . . . . . . s'est présenté à . . . . . où nous étions de service, un voiturier conduisant (*ici on doit désigner les marchandises*), lequel, sur la sommation que nous lui avons faite de nous exhiber les lettres de voiture dont il pouvait être porteur, nous en a représenté une datée de . . . . . le . . . . .

adressée au sieur......., à......., portant expédition de...... et signée par. .... Ayant reconnu qu'elle n'était revêtue d'aucun timbre, nous l'avons fait remarquer audit voiturier qui a dit se nommer......., et demeurant à....... Nous l'avons prévenu que nous allions, en vertu du décret précité, rédiger procès-verbal contre lui et contre le sieur...... susdénommé, souscripteur de ladite lettre, afin de les faire condamner solidairement au payement de l'amende prononcée par l'article 4 de la loi du 6 prairial an 7, à la restitution des droits, au décime et aux frais, et de fait, nous avons aussitôt rapporté le présent procès-verbal auquel nous avons annexé ladite lettre de voiture non-timbrée, que nous avons paraphée *ne varietur*.

Fait et clos au bureau de..... (*ou à la mairie de*), les jour, mois et an que dessus, à..... heures du matin (*ou du soir*).

NOTA. Si le voiturier réclame copie du procès-verbal ou de la lettre de voiture, elle lui sera donnée sur papier timbré, à ses frais.

N.° 11.

MODÈLE

De procès-verbal de saisie de lettres et paquets.

L'an mil huit cent...., le...... jour du mois d.... .., à..... heure du.....

En vertu de l'arrêté du Gouvernement du 27 prairial an 9, nous soussignés (*énoncer les noms, prénoms, qualité et demeure des saisissans*),.... étant à......, arrondissement d......, département d......, avons requis le...... de souffrir la perquisition de toutes les correspondances, lettres et journaux dont..... pourrait être chargé, en contravention aux lois et au préjudice des droits du Trésor public.

Et procédant à ladite perquisition, il s'est trouvé que l..dit..... transportait en fraude les objets dont le détail suit, et non compris dans l'exception portée en l'article 2 de l'arrêté susdit; savoir: (*transcrire l'adresse de chaque lettre saisie: et indiquer le poids de la lettre ou du paquet saisi:*)

Lesquels objets nous avons saisis pour être déposés au Bureau des Postes de (*désigner le nom du Bureau des Postes auquel les objets saisis seront remis pour être envoyés à Paris*)......, et être envoyés aussitôt au rebut à Paris, d'où ils ne seront rendus que sur réclamation adressée ou transmise à M. le Directeur général des Postes, et à la charge de payer le double de la taxe ordinaire, conformément au décret du 2 messidor an 12 (*consigner ici les déclarations que pourraient faire les personnes saisies.*)

De quoi nous avons dressé le présent procès-verbal, pour y être donné suite conformément à l'arrêté du 27 prairial an 9, et avons signé (*faire mention du refus ou de l'incapacité de signer de la part des personnes saisies*) avec l........ auquel nous avons laissé copie du procès-verbal.

N.° 12.

FORMALITÉ

D'une affirmation des Préposés pardevant le Juge de paix.

Pardevant nous ...., juge de paix du canton de...., arrondissement de......, département de..... Le procès-verbal ci-dessus a été affirmé sincère et véritable par les préposés des douanes soussignés, après qu'il leur en a été donné lecture ainsi que du présent acte.

Fait à...... le.... du mois de ... 183...

(*Signatures.*)

N.° 15.

MODÈLE

De notification à la suite d'un procès-verbal de saisie.

L'AN..... , le....., à..... heures du....., nous dénommés et qualifiés au procès-verbal ci-dessus, même requête, nous étant transportés au domicile dudit sieur...., situé à...., rue...., n.°.... , et parlant à (*ici on désignera la personne à laquelle on remettra la copie du rapport.*) Nous lui avons signifié le susdit procès-verbal avec sommation de le signer, ce qu'il a.... , nous lui en avons laissé copie, ainsi que du présent acte, et avons signé.

(*Signatures.*)

NOTA. Deux employés suffisent pour signifier le Rapport.

N.° 14.

MODÈLE

D'un récépissé à demander au Maire pour un individu arrêté sans passeport, ou porteur d'armes prohibées.

Nous....., Maire de la commune de....., département de...., certifions que les sieurs.... préposés des douanes à la résidence de.... , ont amené et remis aujourd'hui en notre disposition un individu qui a déclaré se nommer.... dit...., âgé de.... ans, natif de...., département d ..., profession de......, lequel n'a pu représenter aucun certificat ni passeport (ou étant porteur de.....) (*désigner l'espèce d'arme*) laquelle arme nous a été remise par lesdits préposés.

A......, le...... 183....

(*Signature du Maire.*)

Nota. Si l'individu était porteur de faux papiers quelconques, il faudrait en faire mention.

N.° 15.

MODÈLE

D'un récépissé du Commandant de Gendarmerie.

Je soussigné, maréchal des-logis (*ou brigadier*) commandant la Gendarmerie à la résidence de . , département d ..., déclare que les sieurs...., préposés des douanes à la résidence de..., m'ont amené et remis aujourd'hui..... le nommé.. ., prévenu de fraude, dont l'arrestation a été constatée par le procès-verbal rédigé le .. du mois de. ... 18..., et dont copie m'a été remise par lesdits préposés.

En foi de quoi j'ai délivré le présent récépissé pour servir et valoir ce qu'il appartiendra.

A....., le...... 183.

(*Signature du Gendarme.*)

N.° 16.

MODÈLE

D'acte de mise en fourrière, des moyens de transport.

ET de suite, lesdits jour et an, à..... midi, nous soussignés (*au moins deux employés rédacteurs*) dénommés et qualifiés dans le procès-verbal..... ci-dessus; à la requête que dit est.

Certifions avoir conduit les.... saisis et retenus comme il est expliqué audit procès-verbal, chez le sieur....., aubergiste à...., et parlant à ..., nous lui avons déclaré que nous laissions à sa charge et garde, lesdits..... évalués à.... A quoi il a consenti, se chargeant comme dépositaire de justice, avec promesse de les loger, nourrir et entretenir selon l'usage, moyennant la somme de.... pour chaque jour, prix ordinaire, et de ne livrer lesdits.... qu'à notre réquisition ou consentement de l'administration. En foi de quoi nous avons signé avec ledit.

(*Signatures.*)

FIN.

TABLE
DES MATIÈRES.

PREMIÈRE PARTIE.

Du Personnel des Brigades.

DEUXIÈME PARTIE.

De la Police et de la Tenue dans les Brigades.

TROISIÈME PARTIE.

Du Service des Frontières de terre.

QUATRIÈME PARTIE.

De la Contrebande.

CINQUIÈME PARTIE.

Du Contentieux.

MODÈLES D'ACTES.

FIN DE LA TABLE.

www.ingramcontent.com/pod-product-compliance
Ingram Content Group UK Ltd.
Pitfield, Milton Keynes, MK11 3LW, UK
UKHW021308190726
13839UKWH00007B/537

9 782329 595429